DER FREUDENSTOFF

PETER STRASSER

Der Freudenstoff

Zu Handke eine Philosophie

Residenz Verlag

Vorwort

Seit vielen Jahren ist Peter Handkes Werk zu einem Teil meines Leselebens, und das heißt: zu einem Teil meines Lebens, geworden. Wenn meine Beziehung zu Handke mit der naiven Faszination angesichts einer Reihe von Frühschriften begann, so entstand unterdessen daraus, was Günther Anders mit einem schönen Ausdruck »Liebe auf den zweiten Blick« nannte: eine Liebe, die in dem Maße, wie sie der ursprünglichen, unreflektierten Sympathie oder Antipathie entbehrt, sich anreichert mit Bindungskräften, welche aus einem lange währenden und wachen Umgang mit dem einstigen Objekt des »Interesses« herrühren.

Das vorliegende Buch will keiner Apologie huldigen (die nichts weiter wäre als eine verkappte narzißtische Präsentation eigener Schöngeistigkeit), und schon gar nicht einer germanistischen Verortung und Musealisierung des Schriftstellers. Vielmehr geht es darum, Rechenschaft abzulegen, und zwar diskursive, insofern Objektivität anstrebende Rechenschaft über die Entstehung einer Leseliebe auf den zweiten Blick.

Dies, so nehme ich an, ist von allgemeinem Gewicht. Denn die Rechenschaft, die ich ablege, soll ein Beitrag zur Verständigung, besser: zu den Möglichkeiten der Verständigung, über ein herausragendes schriftstellerisches und im weiteren Sinne kulturelles Phänomen unserer Zeit sein. Ich lege Wert auf die Feststellung, daß eine derartige Verständigung auch einen Beitrag leistet zum Selbstverständnis der Epoche, in der wir, Handkes Freunde und Feinde (an denen es ja nicht mangelt), zu existieren – und im hoffentlich fruchtbaren Widerstreit zu existieren – haben.

Als Motto des vorliegenden Buches möge eine Stelle aus dem *Tagebuch* von Witold Gombrowicz dienen, auf die mich einer der schärfsten und klügsten österreichischen Handke-Kritiker, Franz Schuh, hinwies:

> Wirf mit Wut und Stolz alle künstlichen Überlegenheiten ab, die dir deine Situation zusichert. Denn literarische Kritik ist nicht Beurteilung eines Menschen durch einen anderen (wer gab dir das Recht dazu?), sondern ein Aufeinandertreffen zweier Persönlichkeiten auf absolut gleichen Rechtsgrundlagen.
> Angesichts dessen – urteile nicht. Beschreibe nur deine Reaktionen. Niemals schreibe über den Autor noch über sein Werk – nur über dich in der Gegenüberstellung mit dem Werk oder dem Autor. Über dich ist dir zu schreiben gestattet.
> Aber, über dich schreibend, schreibe so, daß deine Person an Gewichtigkeit, Bedeutung und Leben gewinnt – daß sie zu deinem entscheidenden Argument wird. Schreibe also nicht wie ein Pseudo-Wissenschaftler, sondern wie ein Künstler. Kritik muß so angespannt und vibrierend sein wie das, was sie berührt – andernfalls wird sie nur zu einem Gasablassen aus einem Ballon, zum Schlachten mit stumpfem Messer, zur Zersetzung, zur Anatomie, zum Grabe.
> Und wenn du nicht magst oder nicht kannst – geh weg.

Graz, im März 1990

Der andere Balken des Andreaskreuzes

Essay über Peter Handke, aus Anlaß seiner Erzählung
»Die Abwesenheit«

Die folgende Studie will weder als ästhetischer Versuch (was immer das wäre) verstanden sein, noch will sie sich dem Genre der Literaturkritik (die stets moralisch-politisch-polizeilich ist) zugeschlagen sehen. Meine Absicht beim Schreiben war es, einen gewichtigen Teil des Werkes von Handke philosophisch zu kommentieren. Da dies nicht anders als auf dem Wege des Behauptens möglich ist, werden sich im folgenden, ausdrücklich oder stillschweigend, Ja's und Nein's finden. Methodisch wie auch didaktisch geht mir das gegen den Strich: nicht, weil ich, womöglich aus kindisch-dogmatischer Dichterverehrung, glaubte, der Schriftsteller Handke hätte Anspruch darauf, dem Schlachtengetümmel der Meinungen entrückt zu werden; vielmehr scheint es mir dem Wesen der Sache nach sinnlos, mit Handke auf Ja oder Nein rechten zu wollen. Handke ist der Dichter, der – ich könnte mich auch anders, komplizierter ausdrücken – sein Schicksal schreibend existiert, und vielleicht ist es so: dieser Dichter erschreibt sich ein, sein eigenes Schicksal. Handke ist also kein Ansichtenvertreter und kein Weltanschauungsagent; vielmehr ist er eine bedeutsam-naturwüchsige, naturwüchsig-bedeutsame Größe – ein, im strengen Doppelsinne des Wortes, tragischer Autor (was kaum gesehen wird, weil der zutiefst zweideutige, ja panische Hintergrund seines Weltzuversichtswillens meistens unbemerkt bleibt). Die Fratzen des Hohns wie die Grimassen der Demut, die Handkes Schaffen ständig begleiten, wurzeln in einer, sozusagen, existentiellen Kategorienverwechslung.

In Handkes *Kindergeschichte* (sie erschien 1981) findet sich eine Stelle, wo der Zorn des Erzähler-Vaters gegen die »überzeugt-Kinderlosen« auffährt; an dieser Stelle wird der Haß- und Herrschaftsimpuls angeprangert, der seine Rationalisierung im Medium des aufklärungsbeflissenen Wortes findet:

»Später sollte er noch des öfteren mit weit ärgeren überzeugt-Kinderlosen zu tun bekommen, einzeln oder in Paaren. In der Regel hatten sie einen scharfen Blick und wußten auch, selber in furchtbarer Schuldlosigkeit dahinlebend, im Expertendeutsch zu sagen, was an einem Erwachsenen-Kind-Verhältnis falsch war; manche von ihnen übten solchen Scharfsinn sogar als ihren Beruf aus. In die eigene Kindheit vernarrt und in das eigene fortgesetzte Kindsein, entpuppten sie sich in der Nähe als ausgewachsene Monstren, und der Betroffene brauchte jedesmal lange Zeit, ihre analytischen Naseweisheiten, die im Innern als Gescharre von Krebsscheren bösartig weiterwirkten, wieder von seiner Seele zu bekommen. Er verfluchte diese selbstgerechten kleinlichen Propheten als den Auswurf der *modernen Zeiten*, hob vor ihnen das Haupt und schwor ihnen die ewige Unversöhnlichkeit.«

Scharfer Blick; in furchtbarer Schuldlosigkeit dahinlebend; analytische Naseweisheiten, die im Innern als Gescharre von Krebsscheren bösartig weiterwirkten: hier wird das Bild einer Spezies von Zeitgenossen aggressiv konturiert, die das Expertendeutsch benützt, um den insgeheim als Daseinsmangel verbuchten Lebensumstand »Kindlosigkeit« zur Emanzipationstugend hochzustilisieren. Man vergesse nicht: Die Zeit, in der Handkes *Kindergeschichte* spielt, war auch die Zeit, da fortschrittliche Geister, selbst wenn sie Kinder hatten und liebevoll bemühte Eltern waren, gerne das Wort »Kinderaufzucht« im Munde führten! Spricht man von Aufzucht, stellt sich die Vorstellung eines Geschehens im Stall oder in der Tierzüchtungsfabrik ein; so eignete sich jenes Unwort, »Kinderaufzucht«, vorzüglich dazu, einer emanzipatorischen Haßperspektive Raum zu geben: weil die Familie ein kapitaler Ort der Unterdrückung der Frau war (und ist) und weil dieser Ort seine Macht über die Frau vor allem auf dem Wege der Mutterschaft verewigte, mochte es wohl naheliegen, das Geschäft der Mutter zu demythisieren, indem man es als stumpfsinnige Tätigkeit im Säuglingsstall darstellte. Freilich erzeugte eine derartige Profanierung bei den vielen noch Liebesfähigen, die ihr guten Willens unterlagen, tiefes Befremden und ein tiefreichendes Schuldgefühl. Und so wurde das Kind, das einerseits als Schlingkanal und Exkrementeproduzent vor Augen trat, andererseits zum symbolträchtigen Zentrum einer Natur, die, vom Kulturdiktat bis zur Unkenntlichkeit unterdrückt und verstümmelt, wesenhaft ganz außerhalb aller Gewaltkreise lag. Dieser Natur galt es ebenso sich anzugleichen (z. B. durch einen schmerzlosen, sanften Gebärakt), wie ihr zu helfen, sich gegen den Gewaltmechanismus der sogenannten zivilisierten Gesellschaft zu behaupten. Es entstanden Geburts-, Säuglingsbetreuungs- und Erziehungsprogramme, die einer Diktatur der Gewaltlosigkeit gleichkamen; einer Diktatur, deren maßlose, unerfüllbare Regeln ohne weiteres als zwanghafte Bearbeitung eines Schuldkomplexes erkennbar gewesen wären, hätte es nicht Batterien von wissenschaftlichen Rationalisierungen des Natürlichkeits-Wahns gegeben. Allerdings konnte derart auch, als sozusagen potenzierter Wahn, welcher scheinhaft rational die Irrationalität der Naturideologie denunzierte, eine mit allen Wassern der Psychoanalyse und Herrschaftssoziologie gewaschene Kinderlosigkeits-Ideologie entstehen.

Handkes Ausfall gegen die Kinderlos-Ideologen (»Etwas anderes selbstredend die gutherzige, so liebenswürdige Trauer und Anteilnahme manch anders Kinderloser«), dieser Ausfall, der bezeichnenderweise dem »Auswurf der *modernen Zeiten*« gilt, richtet sich gegen die heillose Versprachlichung einer vitalen menschlichen Beziehung, des Kind-Eltern-Verhältnisses, und darüber hinaus wohl gegen derlei Sprachunwesen überhaupt. Der Einbruch psycho- und soziologisierender Diktionen – zumal im Dienste von Politik, Herrschaftsanspruch, Haß, Schuldverdrängung – in das Reich des Einander-Begegnens, des Aufeinander-Achthabens, des Hütens des Anderen ist eine typisch moderne Form des aus Sprache entspringenden Unheils: des *Rationalisierungs-Unheils,* das, ausgestattet mit dem Schein von Objektivität, gar Wahrheit und Gerechtigkeit, blendet und verführt, auch die Angst nährt, die ideologisch korrekte und wissenschaftliche und den nackten Tatsachen entsprechende Sichtweise der Dinge zu verfehlen. Der Rationalisierungs-Terror ist Teil des Rationalisierungs-Unheils. – Die zweite Großbeschimpfung moderner Monster, die sich in der *Kindergeschichte* findet, gilt den »Realitäts-Tümlern«, deren Erscheinungsbild vermutlich nur einen anderen gewalttätigen Aspekt jener engagierten Zeitgenossen bietet, die zuvor als die überzeugt-Kinderlosen angeprangert wurden. Mit der Präzision des Hasses skizziert Handke die Inszenierung des realitätstümelnden Terrors:

»Eben in dieser Periode bekam der Mann, auch von seinen Besuchern, immer öfter zu hören, daß er sich, so wie er lebe, und mit dem, was er tue, der Gegenwart entziehe und die Realität übersehe. [...] Wenn man sich auf diese geborenen Staatsanwälte einließ, zeigte sich übrigens, daß sie mit ihrer Zählweise der Welten – die ›dritte‹ und die ›vierte‹ waren dabei die ›relevantesten‹ – in der Regel eine geheime Schuld übertönten, ja oft sogar einen unsühnbaren Verrat: sie hatten allesamt schon viel Böses getan. (Seltsam dann die Tränen der Larven!) Solche ›Wirklichkeitler‹ oder ›Wustmenschen‹ – es wimmelte wohl seit jeher von ihnen – erschienen dem Mann als die Sinnlosen Existenzen: fern von der Schöpfung, schon lange tot, machten sie so gesund wie böse weiter, hinterließen nichts, woran man sich halten konnte, und taugten nur noch für den Krieg. Es war auch unnütz, mit ihnen zu rechten; denn von jeder der täglichen Katastrophen fühlten sie sich neu bestätigt.«

Ich sprach von der Präzision des Hasses. Damit meinte ich

nicht, Handke beschriebe seine Erzfeinde präzis. Es stimmt schon, daß der Haß blind macht; indes häufig auf hellsichtige Weise. Das Haßobjekt wird ja kaum jemals als Ganzheit wahrgenommen: man belauert es mit Augen, die zu Schlitzen geworden sind; der hassende Blick erfaßt seinen Gegenstand fragmentiert, zerstückelt, auf Haß-Details reduziert, die eine ihren Träger erbarmungslos zurichtende Schärfe gewinnen. Das äußerste Objekt des Hasses und Abscheus ist dem Alltagsblick überhaupt nur als panisches Fragment zugänglich. In *Der Chinese des Schmerzes* lesen wir über die Wahrnehmung des leibhaftigen Bösen: »Ich hatte zuvor schon öfters etwas von ihm erahnt, wenn auch jedesmal nur in der Menge: ein Daumengelenk, grotesk beweglich; ein kalkweißes Mundinneres; einen krokodilartig nackten Fuß; ein Auge, aus dem jede Farbe gleichsam ausgeronnen schien; einen vom Blasen in die Trillerpfeife geschwollenen Nacken.« Der Träger ist das dem Hassenden unzugängliche Ganze, die Person zum Beispiel, die dennoch in der Seele des hassend Verengten wiederersteht: als Phantasma des Abscheus, das sich aus grellen Einzelheiten zusammensetzt, die in Verbindung mit abstraktbegrifflicher Etikettierung den Charakter des Exemplarischen erhalten, auch wenn sie sich vor allem der Idiosynkrasie des Betrachters verdanken. So entsteht der Wustmensch, die Sinnlose Existenz, auch der, der nur noch für den Krieg taugt. Es ist, als ob man diese Unwesen mit einem Schlag durch und durch erkannt hätte. Ja noch mehr: es ist, als ob das Unwesen sich gerade dadurch definierte, daß man, im Haß vor ihm verharrend, es schließlich mit einem Schlag durch und durch erkennt! Und tatsächlich schildert Handke in *Die Lehre der Sainte-Victoire*, wie er sich vor *dem* Bösen niederläßt, das ihm in Gestalt einer grauenhaft erregten Dogge begegnet, die, auf Zivilisten scharfgemacht, hinter dem Drahtverhau einer Kaserne gefangen gehalten wird. Der Hund ist zunächst noch gar kein benennbares Wesen, löst aber »objektives« Grauen aus: »Ende der Farben und Formen in der Landschaft: Nur noch ein Gebißweiß und dahinter bläuliches Fleischpurpur.« Aber kaum ist, jedenfalls im erzählenden Rückblick, das Tier zum Gegenstand des Hasses geworden – »Sieh dir das Böse an‹, dachte ich« –, tritt es in präziser Fragmentierung dem Betrachter vor Augen: »Der Schädel des Hundes war breit und erschien trotz der hängenden Lefzen verkürzt; die Dreiecksohren gezückt wie kleine Dolche. [...] Sein Leib war kurzhaarig, glatt und gelbgestromt; der After markiert von einem papierbleichen Kreis; die Rute fahnenlos.« Und daß hier dem Fragmentarischen, ohne welches naturgemäß keine Beschreibung statthaben kann, die Rolle zukommt, ein Haß-Phantasma: das entlarvte Unwesen, zu induzieren, zeigt sich sogleich im Text: »der Stacheldraht zwischen uns, wie im alten Gedicht, wieder als *ewiger, vermaledeiter, kalter, schwerer Regen,* durch den hindurch ich, geistesgegenwärtig und tagträumend zugleich, den Feind betrachtete, wie er in seiner von dem Getto vielleicht noch verstärkten Mordlust jedes Rassenmerkmal verlor und nur noch im Volk der Henker das Prachtexemplar war.« Die Haßphantasie, die den Hund zum Unwesen dämonisiert und ihn eben so durch und durch erkennbar macht, bewirkt auch, daß der Betrachter vor dem Objekt des Hasses in eine große Ruhe gerät: Ist denn nicht er, der gerade noch vor Angst schlotterte, nun, da er *weiß,* der Mächtige, Unberührbare? Und das Exemplarische der Situation steigert den Augenblick der Erkenntnis bis zu dem Punkt, wo der Erzähler, in äußerster Abscheu gleichsam meditierend, von sich und dem Hund als »wir« sprechen kann: »Unsere Augen trafen sich – jedoch nur ein einzelnes Auge das andere: einäugig, sah ich ihm in das eine Auge; und dann wußten wir voneinander, wer wir waren, und konnten nur noch auf ewig Todfeinde sein [...].« Ich will deutlich machen, nach welchem *esoterischen Prinzip* Handke die Gegenstände seiner *Liebe* entwirft und gestaltet, in der *Kindergeschichte* also den »freundlichen Leitzwerg« (so die Bezeichnung in *Die Geschichte des Bleistifts),* das KIND – sein Kind. Dieses Prinzip lautet – falls eine negative Regel Prinzip heißen darf –: Behüte das Geliebte vor allem Zuschreibungswerk, an das sich Regungen des Hasses anlagern können oder das von solchen Regungen in Dienst genommen werden kann! Um es möglichst scharf zu sagen: Es handelt sich dabei, natürlich, nicht um ein Prinzip der Gegenaufklärung, sondern um ein Gegen-Prinzip des Aufklärungsdiskurses. Dieser ist seinem Wesen nach ein analytischer Diskurs, der nach den Bedingungen sucht, von denen die Phänomene abhängen, daher auch ein zergliedernder Diskurs, denn das Bedingte ist stets auch das aus der Seligkeitsschau, der liebenden Anschauungstotalität Herausgesprengte, begrifflich Isolierte. Die analytische Isolierung ist ein notwendiges Manöver der Freistellung des Erkenntnisobjekts zum Zwecke seiner rationalen Bearbeitung, Erklärung; gleichzeitig ist sie ein Verfahren, welches das Erkenntnisobjekt dem epistemischen Raum der *Ambivalenz* überstellt. Wo Erkenntnis im analytischen Sinne obwaltet, dort ist nicht nur die Unbedingtheit des Hasses gebrochen; gebrochen ist auch der emphatische Liebesimpuls, der, um zu bestehen, ebenfalls der Unbedingtheit bedarf. Denn die unendliche Fülle des Seienden, das unausschöpfbare Feld an möglichen Erkenntnisperspektiven und Ursache-Wirkungs-Konstellationen, die, jeweils relativ und partikular, für alle komplexen Analyseobjekte Geltung haben, läßt diese zu Vexierbildern werden, die im Betrachter stets Haß- und Liebesimpulse auszulösen vermögen und sich jeder Eindeutigkeit des emphatischen Bezugs entziehen. Botho Strauß schrieb in *Paare, Passanten* – ich zitiere die Stelle, ohne sie gegen Handke wenden zu wollen – von der »Ambivalenzen-Herrschaft des Herzens«, und ich füge, das Paradox nicht scheuend, hinzu: des aufgeklärten Herzens.

»Der passive Zuschauer-Zeitgenosse entwickelt offenbar ein gesteigertes Bedürfnis, mit heimlichem Gesinnungswechsel beschäftigt zu werden. Gestern noch schlägt sein Herz für den gefaßten, geduckten, gedemütigten Kindsmörder, weil er, natürlich im Fernsehen, sah, wie dieser von den Umstehenden vor dem Gerichtsgebäude auf gemeine Weise beschimpft und besudelt wurde. Heute schlägt sein Herz gegen einen anderen, noch nicht gefaßten Mörder, der die Familie eines Bankdirektors mitsamt den Kindern abgestochen hat. Durch die Überfülle von Identifikationsangeboten müßte er, wäre er noch das Individuum vom alten Schlag, längst spaltungsirre, durch die haltlose Verschleuderung seiner Mitgefühle an die gegensätzlichsten Parteien müßte er längst abgestumpft und gefühllos geworden sein. Doch ist er eben kein Individuum vom alten Schlag mehr.«

Die Mentalität, die Botho Strauß in durchaus kritischer Absicht beleuchtet, ist das unausweichliche Ergebnis des popularisierten, massenmedial unterstützten Aufklärungswillens einer Welt, deren Insassen, trotz hektischen Getriebes zu quälender Passivität verdammt, Tag für Tag ihre Gefühle dem Unvereinbaren ausgesetzt sehen, dennoch *alles* zu wissen begierig sind und ihre innere Zerrissenheit vor den tausenderlei Gesplittertheiten des Realen zusehends als Oszillationssucht der Seele erleiden. – Handkes Dogge, wir können davon nicht absehen, ist auch ein komplexer Reiz-Reaktions-Mechanismus; aber auch, aus der Sichtweise des an Goethescher Naturanschauung orientierten Verhaltensforschers, ein erbärmlich ins Überaggressive verzüchtetes Tierwesen, das unser Erbarmen verdient; freilich für den zu Tode erschreckten Wanderer Handke das Böse – doch das Böse eben nur in dieser den Dichter betreffenden, höchstpersönlichen Relation.

Man versteht Handkes Affekt gegen das psychologisierende, soziologisierende, politologisierende Beschreibungsverfahren. Es relativiert, indem es nach Erkenntnis strebt; und weil es relativiert, nährt es eine Evidenz der Beliebigkeit, die den sensibel Weltbetroffenen als Wirklichkeitsverfall abstößt und beleidigt. Gleichzeitig rückt es immerfort Zusammenhänge in den Blick, die alles Schöne, Gute, Wahre mit dem Gift des schlechten Ganzen lähmen, töten: Der freundliche Leitzwerg verfällt unterm Gescharre der Krebsscheren, der bösen

Resonanz des Geschlechterkampfes; er stirbt ab unterm analytischen Bannstrahl der Wirklichkeitler, denen, traurig-verbiestert, die nur noch in Hunderttausend zählbaren Menschlein nicht aus dem Kopf wollen, die Kinder, die in der dritten, der vierten Welt tagaus-tagein Hungers sterben ... Versteht man Handkes Affekt? Nun, man verstünde die diesem Affekt innewohnende Vernunft ganz und gar nicht, sofern man übersähe, daß Handke nichts mit denen gemein hat, die, ausdrücklich oder unausdrücklich, eine Abdrängung verzweigter Elendszusammenhänge und fernliegender Nöte propagieren. Handke ist, nochmals gesagt, kein Agent der Gegenaufklärung. Er betreibt nicht die Intellektuellenschelte des typischen Reaktionärs, dem der ideologische Elends-Import zum Stein des Anstoßes wird, weil die katastrophischen Szenarios aus geographisch oder psychisch fernliegenden Regionen angeblich bloß dazu dienen sollen, Wohlstand und Sekurität der eigenen Gesellschaft (deren Grundpfeiler Leistung, freie Marktwirtschaft und repräsentative Demokratie sind) mieszumachen. Handkes Angriffspunkt liegt auf einer anderen Ebene: In relativ aufgeklärten Gesellschaften, deren gutes Gewissen nicht unberührt bleibt von den abstrakten Schrecken, das heißt jenen, die bloß noch über Informationen, aber nicht mehr kraft eigenen Erlebens zugänglich sind, wird der humanitäre Diskurs selber immer abstrakter. Indem die Aufklärungsdynamik schließlich auf die ganze Menschheit als Solidaritäts-Subjekt gerichtet ist, wird Solidarität, mithin Anteilnahme am Leid anderer, zu einem reinen Postulat der praktischen Vernunft, die sich von der vitalen Impulsquelle des Herzens, der menschlichen Mitleidensfähigkeit, um der erforderlichen Unparteilichkeit willen gerade *emanzipieren* muß. Das ist der Fortschritt der Aufklärung, ihr Preis, und genau dagegen rebelliert Handkes Werk zuinnerst.

Handke haßt den Wirklichkeitler nicht aus dem gegenaufklärerischen Bedürfnis nach einer Sinnprovinz, die ihre Provinzialität gefälligst aus dem Blick drängen soll, um, derart erblindet, sich selber guten Gewissens absolut setzen zu können. Der Haß von Handke rührt daher (und Handke wird sich so vielleicht nicht sehen wollen), daß er ein emphatischer – kein vernunftzentrierter – »Menschheitler« ist. Die Menschheit muß für ihn, damit sie als Forderung Realität gewinnt (und nicht zur Anmaßung des Wustes verkommt, die den Geforderten innerlich verelendet), als *Erlebbares* Form und Gestalt annehmen; aber es ist doch die MENSCHHEIT, um die es dem Dichter letzten Endes geht. – Wie indes sollte dies möglich sein? Wie ist »die Menschheit« dem Erleben, der Anschauung, der dichterischen Konkretion anverwandelbar?

»Im folgenden Frühjahr, an einem für den Breitengrad ungewohnt lauen, winddurchfächelten Sonnentag steht das Kind vor dem Haus in einem sandigen Hof. Das Gelände steigt leicht an und wird hinten gesäumt von einer Gebüschreihe. In dem Buschwerk öffnen und entfalten sich tiefe, schwarze Zwischenräume, in Übereinstimmung mit den im Vordergrund fliegenden Haaren, wie vor fast einem Jahrzehnt bei dem Alleingang an den fremdländischen Fluß (die Haare sind nur länger geworden, mit dunkleren Strähnen dazwischen); und durch diese Räume geht es jetzt, in einem allgemeinen wilden Wehen, bis an das Ende der Welt. Nie durften solche Augenblicke vergehen, oder vergessen werden: sie verlangten einen Zusatz, in dem sie weiterschwingen könnten; eine Weise; den GESANG.«

Diese Stelle, als hymnischer Erhellungs-Höhepunkt knapp vor das Ende der *Kindergeschichte* gesetzt, spricht über *das* Kind, das gleichzeitig Handkes Kind ist, als ein visionäres Bezugssubjekt, in dem die Menschheit als Versprechen aufklingt: freundlicher Leitzwerg, Auge und Mund des Dichters leitend

»bis an das Ende der Welt«, einholbar einzig dem Wort, das seinem Wesen nach Gesang ist – Gesang, nicht analytische, reflektierende Rede, nicht Instrument der Erklärung. Auch ist das Kind, das Einzigartige, kein Symbol; was denn sollte es symbolisieren? Und wäre das denn nicht eine große Untat: das geliebte Kind als Symbol zu setzen, statt es in seiner Einzigartigkeit zu belassen? So also ist die zitierte Szene konkret, anschauungsdicht, dem Allgemeinen abhold, und die dann doch einflutende Allgemeinheit – »durch diese Räume geht es jetzt, in einem allgemeinen wilden Wehen, bis an das Ende der Welt« – hat den Charakter einer ruckhaften Bewegung, eines traumartigen Wegkippens ins Überpersönlichste – Anruf mehr denn Beschreibung –, das sich gleich im nächsten Absatz wieder zur schönkonkreten, ja klassischen Anschauungs- und Erzählgebärde formt: »An einem regnerischen Morgen im folgenden Herbst …« Des Dichters Horror vor der Verdinglichung des Einmaligen, sei es durch abstraktbegriffliches Darüber-Reden, sei es durch Symbolbildung, zeigt sich nicht nur in der Bestimmung der gelungenen Rede als Gesang; er zeigt sich – was für Handkes Schaffen von noch größerer Bedeutung ist – auch in jenem Erzählmoment, welches die Erfüllung des Mensch-Landschaft-Ornaments, die überpersönliche Kraft des Ortes gleichsam auf *Leerstellen des Blicks,* auf Inbild-Pforten, zentriert: »In dem Buschwerk öffnen und entfalten sich tiefe, schwarze Zwischenräume«, »und durch diese Räume geht es jetzt, in einem allgemeinen wilden Wehen, bis an das Ende der Welt«.

In zwei Aspekten läßt Handkes Erzählhaltung stark an Auffassungen Heideggers denken. Zum einen hat der Philosoph die Lehre vertreten, der alltägliche und wissenschaftliche, auf praktische, technische und dann auf rein theoretische Funktionen gerichtete Sprachgebrauch sei ein abgeleiteter, gar eine Verfallsform des originären Redezutritts zur Welt: dieser nämlich sei der poetische. Im Ursprung des Redens – und Ursprünglichkeit meint für Heidegger stets das Erst-wieder-zu-Erringende, das am Anfang eines menschheitsgeschichtlichen Verfallsgeschehens steht –, im Ursprung des Redens war Dichtung, Poesie – »Gesang«, wenn man so will. Eine weltentbergende Funktion, das heißt die Macht zu wahrer Wirklichkeitserfassung, hat bei Heidegger einzig das dichtende Sagen. Da es mir nicht gegeben ist, über Fug oder Unfug eines solchen Standpunkts zu entscheiden, will ich mich darauf beschränken, eine seiner wesentlichen Konsequenzen hervorzuheben: Er verweist den ganzen Komplex des Redens, der uns spätestens seit Renaissance und Aufklärung als Sprache der Vernunft vorschwebt (Mathematik, Wissenschaft, Technik, und alle Derivate des Alltags), glattweg aus dem Bereich, in dem Seinserkenntnis statthat. Den Einsichten der Dichtung kann dementsprechend der analytische, auf Objektivität dringende Verstand nichts anhaben; er kann sie überhaupt nicht einholen, und jede Rekonstruktion gerät bestenfalls zur Farce.

Mit Heideggers Sprachauffassung eng verknüpft ist die Abwehr des anthropozentrischen Menschheitsideals, des Humanismus. Denn dieser, als Spielart der Aufklärung, nimmt Partei für den Menschen, indem er dessen Autonomie- und Selbstverwirklichungsstreben zum zentralen Wertereignis erhebt; indem er die menschlichen Interessen alle anderen Weltvorkommnisse, ob belebt oder unbelebt, geistig oder materiell, dominieren läßt. Nach Heidegger hingegen muß die Menschheit als der Ort gedacht werden, an dem sich das Sein, sich ereignend, entbirgt, und so erst vollendet. Als dieser Ort aber existiert die Menschheit bloß als *dichtend*-denkende; in der Dichtung nämlich, nur dort, ereignet und entbirgt sich das Sein. Auch über Fug oder Unfug dieses Standpunkts möchte ich mich nicht auslassen, bloß darauf hinweisen, daß man ihn als philosophische Rationalisierung einer zentralen Evidenz Handkes lesen kann. Dichtender Hüter des Seins ist der Mensch bei Heidegger, und bei Handke lesen wir in den *Phantasien der Wiederholung*:

»Der Schnee – ein Aufatmen. Ja, aufatmen die Dinge! (Aufatmen / die Dinge: so würde ich *M'illumino / d'immenso* übersetzen)«

»Jetzt kann ich sagen, was ›das Sein‹ ist: der Freudenstoff; Sein, / Freudenstoff! *(M'illumino / d'immenso)*«

Indem der Dichter seinen Gesang anstimmt, seine Worte ertönen, schwingen läßt, atmet er den Schnee auf – er atmet ihn wach –, und so ereignet sich der Schnee als der Freudenstoff – das Sein, das aufatmet; mit einer altromantischen Wendung gesprochen: seine Augen aufschlägt; und in diesem Geschehen vollzieht sich die Geburt des Menschen, der Menschheit: *M'illumino / d'immenso.* Handkes Passion der Natur (die großartigste Leidenschaft der Naturdichtung seit Stifter, aber lebendiger, weil unruhiger, reflektierter als diese) wird gespeist aus einer Vision der Menschheit – der Vision des Menschen als Hüters des Seins. Kein Wunder also, daß Handke »die Gesellschaft«, um die als Grenzbegriff die Werke anthropozentrischer Autoren kreisen, im besten Fall kalt läßt. Kein Wunder auch, daß der Dichter – übernehmen wir nur Thomas Bernhards beiläufige Bemerkung – sechzig Seiten braucht, um beim Gartentürl rauszukommen (die Bemerkung, als Schmähung gedacht, ist schon deshalb lustig, weil Bernhards Figuren, deren Kopfreisen Weltverdammungsexpeditionen sind, zumeist den ganzen dicken Roman hindurch fast auf derselben Stelle treten oder wie Tanzbären im Kreis herumgehen). Gewiß, Handke ist ein unpolitischer Autor, aber einer, den dieser Vorwurf trifft, als ob mit Spatzen auf Kanonen geschossen würde; es ist ein kindischer Vorwurf angesichts dessen, was man Handkes Hintergrundstrahlung nennen könnte: Diese ist, selbst noch in dem der coincidentia oppositorum huldigenden Schlußmonolog Novas in *Über die Dörfer,* von allen 68er-Resonanzen ingrimmig erfüllt.

Die *Kindergeschichte* nun, die das Persönlichste, gerade durch alle Irritation, allen Schmerz und alle Schuld des Vater-Tochter-Verhältnisses hindurch, als Freudenstoff zum Aufatmen bringen möchte, »*die Fülle der Liebe und jedes leiden-*

schaftlichen Glücks verewigend«, – diese Geschichte ist meinem Dafürhalten nach, trotz ihres geringen Umfangs, ein zutiefst berührendes und tiefreichendes Dokument des dichterischen Scheiterns im Gelingen: diese Geschichte ist meines Erachtens das Schlüsselwerk Handkes, weil in ihr die Spannung zwischen der Figur des Kindes, die nicht erdacht und herbeiphantasiert, sondern dem Erzähler intim vertraut ist, und des Dichters Menschheitsauftrag, der sich an eben seinem Kind erfüllen soll, am prägnantesten, auch vertracktesten zum Ausdruck kommt. Über das Gelingen der *Kindergeschichte* wurde viel Treffendes geschrieben, zum Beispiel folgendes: »Das Kind selber, dies ist Handkes größte Diskretion und schönste Huldigung, bleibt tatsächlich ein ›Geheimnis‹ – es wird nicht mit altklugen Kinder-Sätzen zitiert und nicht mit klugen Vater-Sätzen analysiert. Das Buch erzählt die ersten Jahre eines Kinderlebens – aber es enträtselt sie nicht.« Obwohl die Beobachtung stimmt, eben treffend ist, erfaßt sie doch nicht die Spezifik der Handkeschen Nichtenträtselung des Kindlebens. In vieler Literatur ist Nichtenträtselung ein Stilmittel, dazu angetan, den Leser durch Interpretationsentzug wieder auf die Wirklichkeit zu stoßen, die unter eingeschliffenem Begriffswerk, dem rudimentär eine Weltsicht innewohnt, zu verschwinden droht. Bei Handke steckt mehr dahinter, nämlich die *grundsätzliche* Ablehnung des analytischen Redens, weil dieses dem Dichter als Seinsverfehlung, als Versündigung am Freudenstoff gilt, der, wie gesagt, so beschrieben werden muß, daß sich der Beschreibung keine Regung des Hasses mehr anzulagern oder zu bedienen vermag. GESANG tut also not.

Und hier beginnt das Scheitern-im-Gelingen. Wenn der Gesang Anruf des Seins ist: was wird denn da angerufen? Wenn das Kind-Landschaft-Ornament der zitierten Stelle aus der *Kindergeschichte* ein Allgemeines zum Schwingen, Ertönen bringt – was ist denn dann dieses Allgemeine? Sollte es dabei tatsächlich um die Menschheit als Versprechen gehen, um jenes zeitlose »Neues Zeitalter«-Geschlecht, das Nova, untermalt von Karawanenmusik, besingt, dann fragt sich: Was ist der Inhalt dieses Versprechens, der Gehalt dieser Menschheits-Vision? Die Lehre der Zwischenräume lautet: Nichts!, so gut wie nichts, bestenfalls ein allgemeines wildes Wehen, bis an das Ende der Welt; »wallende Leere«, wie Handke selber sagt. Es gibt das Einzelne, Einmalige, das der Dichter hingebungsvoll in den Stand der Unschuld zurückzuschreiben sucht, und plötzlich kippt aus strengster Konkretion ein Allgemeines, eine Lehre, ein Sinn heraus; es geht hier nicht logisch oder rational zu, das Anschauungsspiel hält plötzlich den Schreibatem an, und das Allgemeine, Allgemeinste platzt sozusagen in die Schrift. Es steht da als Ruck, als Bruch, eine unvermittelt-vermittelte, vermittelt-unvermittelte Bewegung *am Rande der Bedeutungslosigkeit;* in diese scheint der anschauungsdichte Erzählraum hineinzuspielen, aber das scheint nur so: es handelt sich um eine *leerlaufende Bewegung,* ein gewissermaßen blindes Wallen. Die Bewegung scheint etwas Allgemeines zu entbergen, indes, das Allgemeine, das entborgen wird, *ist* diese Bewegung, dieses Wallen, nicht mehr und nicht weniger.

Nun ließe sich erwidern: Na und? Das Sein, der Handkesche Freudenstoff läßt sich eben nicht aussagen. Das Rätsel ist unsagbar, dennoch will es angezeigt sein, angerufen wieder und wieder. Ist es doch der tiefste Impuls des dichterischen Sagens! Mit Handkes eigenen Worten aus den *Phantasien der Wiederholung:* »Das immer, notwendig, Fast-Sprachlose der Kunst, des Schreibens, der Kunst des Schreibens: erst dieses, das Mit-versagender-Stimme-sagen-was-der-Fall-ist, das Grenzwort, wird gehört werden in Ewigkeit.« Indes, hier kommt alles auf das Wie an. Das Rätsel zeigt sich, indem sich auftut, wie der rationalistische Diskurs: das analytische, auf Erklären abstellende Reden, jenes Reden also, gegen das Handke sich aggressiv abschottet, am Ende vor der Unausschöpfbarkeit, der Unendlichkeit des Objekts verstummen muß. Es gibt eine schlechte, denkfaule, schlimmerenfalls gewaltorientierte Weise des rationalen Weltzutritts: ihr geht es tatsächlich um Verdinglichung, das heißt um den ideologischen Schein der definitiven begrifflichen Bewältigung des Objekts. Solche Bewältigung ist stets Überwältigung. Und ihr zu Diensten war seit jeher ein großer Teil der Wissenschaft, zumal der sogenannten Humanwissenschaft. Aber es gibt auch einen Rationalismus – das Wort steht hier nicht in seinem strengen philosophischen Sinn, sondern allgemein für das Ideal eines verstandesmäßigen Zutritts zur Welt –, der sich um jede nur denkbare analytische und theoretische Durchdringung des Seienden bemüht, ob dieses nun ein Stein oder ein Mensch ist, auf daß sich im Arbeiten der Vernunft deren Grenze und damit das Rätsel des Objekts kundtue. Dies ist ein Rationalismus im Dienste jener EHRFURCHT, von der ich behaupte, sie zentriere den *wahren* Traum der Aufklärung: Um nicht einer gewalttrunkenen Faszinationsfurcht vor dem Block des Seins oder einer, sich häufig in megalomanischer Technikbesessenheit äußernden, Paranoiapraxis vor dem unaufschließbaren Schweigen des Weltstoffs Raum zu geben, müssen wir unserer metaphysischen Blindheit als diskursive Grenzgänger begegnen.

Ich rede von einer Haltung, die vielen großen Gelehrten und Künstlern selbstverständlich war. Sie fühlten sich als Archäologen unserer Blindheit, sie zivilisierten ihre Urangst, ihr Tremendum vor dem Göttlichen, indem sie durch den Einsatz der ihnen zugänglichen Verstandeswerkzeuge die Umkreisung des Unerforschlichen kultivierten, statt dem menschlichen Mythotropismus zu erliegen und sich, wie das Insekt ins Feuer, in das Rätsel zu stürzen, um dort in sprachlosem Grauen, als äußerst gewalttätige Opfer äußerster Paranoia-Panik, umzutreiben. Mag sein, daß die Psychologisierung, Soziologisierung, Politologisierung des humanwissenschaftlichen Diskurses das Symptom einer ontologischen Verelendung, der von Heidegger so nachdrücklich beschworenen Seinsvergessenheit des nur noch auf Weltbeherrschung dringenden Menschen ist. Darüber hinaus jedoch muß man in diesem Diskurs das unverzichtbare, weil durch nichts ersetzbare Medium einer Kultivierung des Seins-Rätsels sehen. Einem solchen Befund freilich würde Handke (ich hoffe, dies hinlänglich dargetan zu haben) vom Prinzip seiner Dichtkunst her widersprechen. Aber um welchen Preis?

Die Gnadenmaschine

Ich sprach von Handkes Vision der Menschheit und auch davon, daß diese Vision, recht bedacht, eine der »Welt«, des Seins-Rätsels ist – und folglich eine Vision des Unansprechbaren: der Leere. Im Gegensatz allerdings zu Heideggers fundamentalontologischem Fluchtpunkt handelt es sich bei Handkes Utopie um keinen ereignishaft-geschichtlichen Ort. Handke ist nämlich ein Visionär des Vergessens, das heißt der Leere, die statisch in sich wallt, denn die Geschichte ist der Ort, an dem das Absolute in die Fänge der Bedingtheiten, des Anfang-und-Endes gerät – der Ort, dessen Name letztlich »Schädelstätte & Tod« lautet. Im Journal *Das Gewicht der Welt* lesen wir:

»Die Überzeugung, die Vergangenheit völlig vergessen zu müssen, um nicht mehr unter diesem Brustschmerz zu liegen: *Ich muß mein Gedächtnis verlieren!* Gegen Proust und Benjamin und das behütete bürgerliche Bewußtsein mit seiner Erinnerungslust und seinem Erinnerungsselbstbewußtsein (mein Kampf gegen das Gedächtnis, das mich beschränkt seit der Kindheit: das Gedächtnis bedroht mich mit dem Tod)«

Freilich, im selben Journal schrieb Handke auch: »Das furchtbare Vergessen, das ich mit dem unablässigen Aufschreiben betreibe« ... Ja, furchtbar ist dieses Vergessen, sofern es auf ein Erzählen dringt, das, paradox genug, sich am Zeitfaden abspult und dennoch den Raum der Vergangenheit nicht tiefer und weiter werden läßt, sondern von Erzählschritt zu Erzählschritt verwischen möchte wie eine Spur, die das Verhängnis anlocken könnte – das Verhängnis des Erkannt- und Relativiertwerdens. Handkes Helden sind samt und sonders Unerkannte, denn das Handkesche »Und dann …« ist stets darauf aus, die Macht der Vergangenheit zu brechen, den Strom der Kausalität stillzulegen; eine Psychologie der Helden soll nicht zustandekommen. Zur Soziologisierung einer Geschichte führende Momente, wie beispielsweise die Beschreibung des Herkunftsmilieus oder der Berufssituation, werden der Geschichtslosigkeit überstellt. Man ist Soldat, Spieler, junge Frau, alter Mann – ich nenne das Personeninventar des Märchens *Die Abwesenheit*. Und hat ein Held tatsächlich einmal ein Milieu – man denke an Filip Kobal aus *Die Wiederholung*, Sohn einer Südkärntner Dörflerfamilie, deren Lebensumstände charakterisiert werden –, dann wird das Milieuhafte gleichsam eingesonnen: Handke erschreibt sich und dem Leser ein, wenn auch in sich bewegtes, so doch stehendes Bild, als ob das Ganze in einem gläsernen Traum angesiedelt wäre, worin die Zeit stillsteht und die Last des Gesellschaftlichen aufgehoben ist. (Bezeichnende Ausnahmen bilden die *Kindergeschichte* und vor allem *Wunschloses Unglück*. In beiden Erzählungen sind die Hauptpersonen der Handlung nicht erdacht, sondern dem engsten Familienkreis Handkes angehörig. Dies hemmt die philosophische Intervention des Autors, das auf den Freudenstoff dringende Dicht-Spiel. Darüber hinaus soll im *Wunschlosen Unglück* von der Sprachlosigkeit angesichts namenloser Alltagsschrecken gehandelt werden – der Sprachlosigkeit des Beschreibenden und des Beschriebenen, der Mutter Handkes; gerade solches aber erfordert, da der eigentliche Erzählpunkt gar nicht ausgesagt werden kann, eine bedachtsame Rekonstruktion der lebenshistorischen und sozialen Bedingtheit »von Schreckzuständen, so kurz, daß die Sprache für sie immer zu spät kommt«.)

Die Unerkanntheit also des Helden: Die Heldin trennt sich in *Die linkshändige Frau* vom Mann Bruno nicht, indem sie aus dem Beziehungsdrama stammende Gründe nennt; man liest:

»Die Frau: ›Ich hatte auf einmal die Erleuchtung‹ – sie mußte auch über dieses Wort lachen –, ›daß du von mir weggehst; daß du mich allein läßt. Ja, das ist es: Geh weg, Bruno. Laß mich allein.‹«

Schon vorher sagt die Frau zu Bruno: »Mir ist eine seltsame Idee gekommen; eigentlich keine Idee, sondern eine Art – Erleuchtung.«

Die Befreiung der Frau vollzieht sich hier nach einer esoterischen Mechanik, die ich als »Gnadenmaschine« bezeichnen möchte. Die Befreiung ist nicht die Folge eines Überlegungsprozesses, der eine Bewegung des Autonomwerdens, der Selbstaufklärung darstellte. Des Dichters Abscheu vor der Psychologisierung menschlicher Verhältnisse, vor dem »Beziehungskisten«-Syndrom, das der analytischen Aufarbeitung intimer menschlicher Probleme huldigt, modelt den kathartischen Trennungsentschluß zur Erleuchtung, zu einem prädiskursiven Erkenntnisaplomb. So wie in der antiken Tragödie die Schuldverstrickung an kein nachvollziehbares subjektives Verschulden gebunden ist, sondern sich schicksalhaft, objektiv, hinter dem Rücken des Helden zusammenzieht, so gründet der Befreiungsaugenblick der Heldin bei Handke nicht in einem persönlichen Verdienst: er ist sozusagen ein Geschenk des Himmels – eine Gnade. Von dieser allerdings – entspringt sie überhaupt dem wie immer unerforschlichen Ratschluß eines Gottes? – weiß man nicht, ob sie nach einer Regel funktioniert oder dem Zufall gehorcht. Sie ist der Output einer metaphysischen Blackbox.

Ich sage dies drastisch und wähle die Begrifflichkeit der Maschine aus mehreren Gründen. Erstens wurde noch kaum begriffen, daß Handke ein, mag sein wider Willen, zutiefst tragischer Autor der Moderne ist. Denn zweitens ist seine dramaturgische *idée fixe,* die nämlich der Errettung seines Helden, nur kraft dessen größtmöglicher Vereinsamung exekutierbar.

Das Errettungswerk der Gnadenmaschine isoliert den Helden *metaphysisch* von seiner Umgebung. Drittens aber – und dazu hat Handke selber einiges bemerkt – muß die Idee der Errettung hier als eine entschlüsselt werden, die Kafkas Gnadenmaschine umpolt: Produziert diese unbegreifbaren Terror, so produziert die Gnade in Handkes Werk unbegreifbares Heil, freilich auf derselben Produktionsbasis – hier wie dort wird das Individuum, das an die Gnadenmaschine angeschlossen ist, dadurch zur äußersten Isolation verurteilt. Handkes Heil ist fast so schrecklich wie Kafkas Unheil. Betrachten wir den Zustand von Brunos Ex-Frau im Stande ihrer Errettung:

»Sie stand vor dem Spiegel und sagte: ›Du hast dich nicht verraten. Und niemand wird dich mehr demütigen!‹

[...] Sie saß lange Zeit völlig still, wobei ihre Pupillen, stetig pulsend, immer größer und dunkler wurden; sprang plötzlich auf, holte einen Bleistift, ein Blatt Papier und fing selber zu zeichnen an: erst ihre Füße auf dem Stuhl, dann den Raum dahinter, das Fenster, den sich im Lauf der Nacht verändernden Sternenhimmel – jeden Gegenstand in allen Einzelheiten. [...] Es vergingen Stunden, bis sie das Blatt weglegte. Sie schaute es lange an; zeichnete dann weiter.

Am hellen Tag saß sie auf der Terrasse im Schaukelstuhl. Die Fichtenkronen bewegten sich hinter ihr in der spiegelnden Fensterscheibe. Sie begann zu schaukeln; hob die Arme. Sie war leicht angezogen, ohne Decke auf den Knien.«

Ende. Es ist ein für Handke typisches Ende. Der Held, die Heldin ist allein, wie endgültig, und das Leben verharrt nun in der Ambivalenz. Zwar ist es nicht so, als sollte die Scham Handkes Helden überleben; sie teilen nicht K.s Schicksal im *Prozeß.* Aber unausgemacht bleibt, ob ihre Heils-Situation nicht eine des von nun an unaufhebbaren Lebensverlustes ist. Die Frau, die ihre Füße zeichnet und dann Stunde um Stunde fortfährt mit dem Zeichnen, derart ihre Umgebung Stück für Stück erobernd, bis sie sich schließlich den Sternenhimmel erzeichnet: das *kann* ein Bild schönruhiger, gewaltloser Raum-

und Weltdurchdringung sein; da es aber ein Gnadenbild ist, das heißt keinerlei psychologische Tiefe besitzt (die eine bestimmte Existenz-Erwartung gestattete), *kann* es sich auch um ein Bild des geistigen Zusammenbruchs handeln, der um so grauenhafter anmutet, als man ihn mit schönruhiger, gewaltloser Raum- und Weltdurchdringung verwechseln könnte. Und dieses »kann – kann«, der Umstand, daß das Unheil dem Heil zum Verwechseln ähnelt, läßt das Gnadenbild katastrophisch erzittern: rumort in ihm denn nicht der Teufel? »Am hellen Tag saß sie auf der Terrasse im Schaukelstuhl.« Die letzte Szene in *Die linkshändige Frau* ist so lapidar wie nur irgend möglich: Die Heldin beginnt zu schaukeln, hebt die Arme. »Sie war leicht angezogen, ohne Decke auf den Knien«, aus. Das kann ein Bild der Ruhe und Entspanntheit sein; aber in dem Bild nistet eine andere, trostlose Möglichkeit: sitzt da nicht, nach der psychotischen Euphorie einer Nacht, der verödete Mensch? Der Körper schaukelt, die Arme heben sich: – Stupor?

Gewiß, nicht alle Erzählungen Handkes enden dermaßen zweideutig. *Die Stunde der wahren Empfindung* zeigt uns am Schluß einen Mann, der »zielbewußt auf das Café de la Paix« zugeht. »Der Anzug war hellblau; dazu trug der Mann weiße Socken und gelbe Schuhe, und eine locker gebundene Krawatte schwang im schnellen Gehen hin und her ......« Warum aber heißt dieser Mann, der doch der Held sein soll, plötzlich nicht mehr Keuschnig? Sagen wir so: Handke entrückt uns hier seinen Helden – entrückt seinen Helden, den Erlösten, in die Namenlosigkeit. Solches Entrücken, als Werk der Gnadenmaschine, bedeutet, daß uns Keuschnig nun unansprechbar geworden ist, nicht bloß aufgrund einer örtlichen Entfernung, vielmehr aufgrund einer metaphysischen Isolation: Der dort hat keinen Namen mehr! Die Beschwingtheit der Szene – hellblauer Anzug, weiße Socken, gelbe Schuhe, eine im Gehen hin und her schwingende Krawatte – erscheint, so gesehen, als Täuschung, dazu angetan, uns vor der Erkenntnis der schrecklichen Wahrheit ironisch zu bewahren: Der dort reicht nicht mehr zu uns herüber, und das Café mit dem sprechenden Namen (Ort der Stille, des Friedens, der Ruhe) – ist das nicht das Nirwana, der Gnadenfriedhof? – Nein, ich glaube nicht, daß ich Handke zu stark an Kafka heranrücke. In den *Phantasien der Wiederholung* notiert Handke: »Kafka und ich als die zwei Balken des Andreaskreuzes«, wodurch eine Gegnerschaft markiert wird, die sich um einen gemeinsamen Strahlpunkt bewegt; den Strahlpunkt der Gnade. In einem Gespräch, das Herbert Gamper mit Handke führte (es erschien unter dem Titel *Aber ich lebe nur von den Zwischenräumen*), sagt der Dichter, er habe beim Abtippen des Manuskriptes seiner Erzählung *Langsame Heimkehr* geradezu körperlich die Vorstellung gehabt, die letzten Seiten dieses Buches seien ein Gegenentwurf zu den letzten zehn Seiten des *Prozeß*-Romanes von Kafka: »also daß da eine andere Weltstruktur vorgeschlagen wird, aber ganz konkret, und aber auch genau so zittrig, und jämmerlich, und auch zugleich in der Form so gewissenhaft und ereignishaft, daß ich denk: Da muß doch jedem das Herz aufgehen –«.

Nun, es wird auch den Leser geben, der des langsam heimkehrenden Helden Einsamkeit – Sorger der Name des Helden, und man denkt natürlich an das schöne Stiftersche Besorgen ebenso wie an die Heideggersche Sorge allen menschlichen Seins-zum-Tode –, es wird auch den Leser geben, der Sorgers Einsamkeit während der Abschiedsstunden in New York als beklemmend empfindet. Denn dieser Sorger muß nun im Zustande des Befreit-, ja Erlöstseins leben wie in einer märchenhaft-gläsernen Zelle. Er sieht die anderen, die anderen sehen ihn, indes, ein Menschenwort, das von hier nach dort reichte, ist nicht mehr möglich, würde es doch die fragile Stille und Reinheit der Anschauung des Erlösten trüben:

»und schaute im Park den ohne Unterlaß an ihm vorbeiziehenden Läufern zu (immer wieder heftiges Keuchen und Trappeln hinter ihm), welche dabei, anders als die Scharen der bloß so Dahingehenden, doch nie die Züge von Bekannten annahmen: er stellte in dem Pulk sogar das erschöpfte Gesicht eines Mannes fest, mit dem er sich einst während des Studiums in Europa angefreundet hatte, und schaute dann nur kurz dem dunkelgeschwitzten Rücken eines Fremdgewordenen nach; und auch der andere, im Vorbeilaufen ihn mit starrhellen Augen anschauend, sagte nur: ›*Wie* der Valentin Sorger!‹ – Nie würden sie sich wiedersehen.«

Das Herz soll einem aufgehen beim Lesen und Wiederlesen dieser Stelle? Sie ist wohl eher von jener Schönheit, die, gestalteter Ausdruck eines den Seelengrund anrührenden Abschieds-für-immer, dem Leser das Herz schwer macht. – Und schließlich das folgende:

»Hatte er sich nicht einmal reich gefühlt? Er setzte sich auf die Treppenstufen [des Museums], die an den Rändern voller sich ausruhender Leute waren, und knüpfte, sehr langsam, die Schuhbänder auf und zu. Schon klatschten die Wärter in die Hände, und mit kleinen Schritten bewegte vor ihnen das Volk sich zum Ausgang hin. Kurz hattest du, Sorger, da die Vorstellung, daß die Geschichte der Menschheit bald vollendet sein würde, harmonisch und ohne Schrecken. Ja, es gab die Gnade. (Oder?)«

Man muß, um die Tragik der Episode recht zu ermessen, die Vision der Vollendung der Menschheitsgeschichte zusammensehen mit dem stumpfsinnigen Vorgang des seine Schuhbänder auf- und zuknüpfenden Sorger. Das ist Kafkas Schreckensironie! Die »Gnade (Oder?)« produziert den Erlösungsruck, der den Menschen Sorger einer Harmonie und Schreckenlosigkeit aussetzt, die nichts anderes ist als metaphysischer Stupor: Schuhbänder auf, Schuhbänder zu, und so der Vollendung entgegen …

Aber natürlich ist Handke nicht *darauf* aus; die Gnadenmaschine, die den Erlösten als irdisch Vereinsamten, Verödeten
produziert, ist *nicht* der Mechanismus, den der Dichter anvi-
siert; – der Mechanismus überhaupt ist ihm ein Greuel!
Handke hat ein antimechanisches Gnadenideal. Es handelt
sich um das Ein-leuchten des sinnlich jeweils präsenten Welt-
stoffes, und vielleicht wäre für diesen Vorgang der Begriff des
Anschauens (in seinem idealen, goetheschen Verstande) zu-
treffend, sofern die Sache, um die es hier geht, nicht doch be-
trächtliche mystische Ambitioniertheit erkennen ließe. In *Der
Chinese des Schmerzes* räsoniert Andreas Loser über ein »Sinnesorgan«, das wohl wesentlich mehr zu sein hätte als der
sprichwörtliche sechste Sinn:

»Daß nur ich, der Mensch, war, mit dem Zielpunkt Tod,
schien so offensichtlich wie undenkbar. Es fehlte da etwas,
aber kein Christus, und keine Götter, sondern etwas Leibliches: ein Sinnesorgan, und zwar das entscheidende [...].«

Was Loser während der Zeit seiner Daseinsverdammnis, da
er die Ermordung eines Hakenkreuz-Sprayers »existentiell«
zu sühnen hat, so sehr fehlt, das benennt er selber mit dem grie-
chischen Wort *leukein*. Um ein Schauen geht es, das durch Ei-
genschaften wie »weiß«, »hell«, auch »Glanz«, »Leuchten«,
»Schimmer« maßgeblich charakterisiert ist. Die intensive
Licht- und Helligkeitsmetaphorik steht im Dienste einer Er-
leuchtungsidee, die den Geist dem sinnlichen Stoff vermählen
möchte, damit dieser auf seinen Wesens- oder Sinngehalt hin
transparent werde.

Die Idee ist so traditionell wie nur möglich, – wenn man
will: aristotelischen Ursprungs. Uns interessiert im vorliegenden Zusammenhang ihr hochprekär gewordenes Fortwirken
in der Neuzeit. Da nämlich leistet sie Widerstand der aufge-
klärt-rationalistischen Sicht der Welt als eines Kosmos, der wie
eine Maschine, ein Zufallsgenerator, oder so ähnlich, funktio-

niert, sich jedenfalls in seinem Funktionieren grundsätzlich sinn- und bedeutungsblind verhält. Der Sog einer derartigen Weltsicht erfaßt schließlich auch noch das authentische Reich der Bedeutung: die Sprache, das Denken. Denn wird dieses Reich, sobald es vom Verstand unter Kuratel genommen wird, nicht selber ein Ort der Mechanismen: der Logik, des mathematischen Kalküls, der naturwüchsigen Dialektik von Argumentationsmaschine und »Einfall«? Der Dichter muß also die Sprache, die als einzige dazu imstande ist, das bedeutungserhellende Schauen aus dem Mahlstrom der Mechanismen zu erretten, zu bewahren, er muß die *poetische* Sprache, die auf rätselhafte Weise eine Bedingung der Möglichkeit solchen Schauens ist, radikal in Schutz nehmen. Handke läßt seinen Loser dies tun, indem der Held dem Sinn-Organ »Poesie« ein gleichsam naturhaftes Fundament und damit eine, wenn auch ambivalente, Existenzsicherung unterlegt: eben jenes Sinnesorgan, von dem es heißt, es sei das entscheidende; stiftet es doch »jene Einheit von Gewalt werden und Vorstellungskraft«, die aus einem bloßen Sinneseindruck ein Sinn-Bild macht.

Daß Loser das Sinn-Organ, für dessen Tätigkeit *leukein* steht, als Sinnesorgan, »etwas Leibliches«, vorführt, gibt zu denken. Hier zeigt sich nämlich die prekäre Situation des poetischen Weltentwurfs, der, insofern die Welt ein sinnblinder Mechanismus ist, keine ontologische Basis mehr hat: ein solcher Entwurf wäre letztlich doch nichts weiter als ein Begriffsgespinst, eine Sache des *flatus vocis*. Erst die Verleiblichung des Poetischen, seine Auffassung als Sinnesorgan, macht es zum Erkenntnisinstrument tauglich. Freilich scheint es so zurückgeschleudert ins Reich der Mechanismen, naturalisiert, und davor kann es kaum in Schutz genommen werden, indem gelten soll: einmal, im Zustand der Verdammnis, fehlt das Poesieorgan, das andere Mal, im Zustand der Gnade, ruckt es an und befreit das Subjekt zur Sinnschau, zum (um einen der Lieblingsausdrücke Handkes zu verwenden) Inbild. Denn die Gnade – die Gnade der poetischen Welterkenntnis – droht derart wieder zur Gnadenmaschine zu verkommen.

Und in der Tat ist Losers Eintritt in die existentielle Verdammnis ebenso objektiv und willkürlich, durch kein personhaftes (psychologisches, alltagsmoralisches) Schuldgeschehen vermittelt, wie Losers Gnadenruck anläßlich des Erblickens und Erfassens einer Hibiskusblüte naturwüchsig ist. Man versteht schon: Loser hat einen Mord begangen, er ist schuldig geworden, und der Dichter möchte nun seinen Helden davor bewahren, Schuld und Sühne in elend-profaner Manier austragen zu müssen. Aber die Ideen des Schicksals, des Tragischen, der Gnade lassen sich der neuzeitlichen Profanwelt, wo alles objektiv Wert- und Sinnhafte bloß noch ein Anachronismus ist, einpflanzen einzig auf dem Wege der Simulation: Das Natürliche wird von Handke zum Übernatürlichen hypertrophiert – zu dem, welches sich allem profanen Verstehen prinzipiell widersetzt –, und derart simuliert der Mechanismus endlich das ihm Unerreichbare, nämlich Bedeutung: aus der Tiefe der Welt aufleuchtende, sich entbergende Bedeutung, die imstande ist, den Menschen, ihm »einleuchtend«, zu erfassen und zu verwandeln. Doch die Simulation ist ein Leer-, ein Blindspiel, allerdings ein camoufliertes. Denn sie führt die Abwesenheit des objektiv-Bedeutsamen als dessen Anwesenheit vor; sie radikalisiert den Ding-Block, den Mechanismus, den Zufall, bis gerade deren Opakheit und Irrationalität zu be-deuten scheinen.

Im Verfolg dieses Spiels, dieses in Wahrheit tragischen Spiels, hat Handke uns Landschaftsschilderungen, Schilderungen des Ineinanders von Landschaft und Menschenwelt erschrieben, die, gipfelnd in der Wandererzählung *Die Wiederholung*, ihresgleichen nicht zu suchen brauchen; ihresgleichen gibt es nämlich nicht. Handkes Landschaftswille, der aufs Detail versessen ist, drängt dabei immer und immer wieder ins Allgemeine; um Sinn und Bedeutung der Erscheinungenvielfalt geht es. Aber um was geht es da eigentlich? Es geht, mit einem Wort, um die ABWESENHEIT: die Abwesenheit des Sinns, der Bedeutung, doch so, als ob es um die letztmögliche Fülle der Anschauung, die weitestreichende Weltentbergung ginge. Handkes große Landschaftsschilderungen sind großartig, weil sie diese unauflösbare Spannung in sich tragen (weil sie nicht »in sich ruhend« sind, oder gar »klassisch«, oder sonst eine schlechte Imitation der Beisichselbstheit von Welt); – weil sie noch durch ihre makellose sprachliche Gestaltung hindurch *scheiternde* Landschaften sind. In *Die Lehre der Sainte-Victoire,* wo Handke Cézannes Bilder verherrlicht, schildert er die Erschütterung, die ihn beim Anblick dieser Bilder dauerhaft erfaßte: »das Schweigen der Bilder wirkte hier so vollkommen, weil die Dunkelbahnen einer Konstruktion einen Allgemein-Zug verstärkten, zu dem ich (Wort des Dichters) ›hinüberdunkeln‹ konnte [...].« Das Schweigen und das Allgemeine werden in eine frappante Beziehung gerückt: es ist das Schweigen, die Zeichen-Leere, wodurch der »Allgemein-Zug« der Bilder, das heißt ihre Inbild-, ihre Zeichenhaftigkeit, verstärkt wird! Indes, was sind denn das für Zeichen, die ihre Stärke und Dauerhaftigkeit der Leere, dem Schweigen verdanken?

Nun, ich meine, daß es sich dabei um Blindzeichen handelt. Solche gibt es, nachdrücklich erwähnt und beschworen, bei Handke genug, auffallend viele in seinem vorerst letzten Großwerk *Die Wiederholung.* An einer Stelle träumt Filip Kobal mit offenen Augen, »aber nur das, was zugleich um mich herum war: die Nacht, den fallenden Schnee, das Rascheln im Mais, den Wind in den Augenhöhlen«, wobei dem Kobal alles »deutlicher als sonst üblich, bezeichnend, zeichenhaft« anmutet. Doch welche Bedeutung haben all die Zeichen? »Die Kanne auf dem Milchstand stand da als Letter; die Reihe der Pfützen, eine um die andere aus der Dunkelheit leuchtend, verband sich zur Zeile.« Letter, Zeile – was ist ihre Botschaft? »In mich aufgenommen hatte ich die Einzelheiten des Tals auch zuvor, nun aber erschienen sie mir in ihrer Buchstäblichkeit, eine im nachhinein, mit dem grasrupfenden Pferd als dem Anfangsbuchstaben, sich aneinanderfügende Letternreihe, als Zusammenhang, als Schrift.« Anfangsbuchstabe, Letternreihe, Schrift – das klingt, als ob es Buchstabe für Buchstabe etwas zu entziffern, ja zu lesen gäbe … »Das Weitergehen in der Vormorgenstunde wurde so ein Entziffern, ein Weiterlesen […]«, – also akkurat ein Lesen!, aber was steht denn geschrieben in der vormorgenstündlichen Landschaft?

An einer Schlüsselstelle des Buches erblickt Kobal an der Seitenwand des Bahnhofs von Mittlern ein blindes Fenster, und von diesem heißt es: »Die Bedeutung des blinden Fensters blieb unbestimmbar, aber wurde, einmal, zum Zeichen«, freilich – man kann sich's denken –, der Leser erfährt die Bedeutung des blinden Fensters nicht; – oder doch? »Und als ich später, am Abend des folgenden Tages, in der Bahnhofsgaststätte von Jesenice, das Schimmern des blinden Fensters bedachte, übermittelte es doch noch eine klare Bedeutung – es bedeutete mir: ›Freund, du hast Zeit!‹« Nun aber scheint es, als ob das Fenster selber gar kein Zeichen wäre, sondern eine Art Lehrer, der Zeichen setzt und durch Winke bedeutet. Doch wenn von einem blinden (!) Fenster gelten soll, es sei ein Zeichen-Spender, dann wird über Bedeutung, vielleicht ironisch, augenzwinkernd, bloß noch in schräg-metaphorischer Weise gehandelt; im strengen Sinne ist über sie bereits alles gesagt: sie ist unbestimmbar, und das heißt: sie ist abwesend – einzig als Leerform da. Handkes drastisches Spiel mit dem semantischen Vokabular (Buchstabe, Letter, Zeichenreihe, Schrift usw.), bezogen auf Dinge und Landschaften, deren Sinn, abstrakt beschworen, vollkommen unbestimmbar bleibt, rückt dem Leser die existentiell-monologische Situation, die kommunikativ unüberbrückbare Einsamkeit des Helden erst recht vor Augen: *seine* Zeichen bedeuten uns, den Lesern – und man darf darauf wetten: auch dem Dichter –, nichts.

Aber warum dann die Forcierung des semantischen Vokabulars? Um einer Existenzlüge willen? Keineswegs. Gerade dieses Vokabular ist notwendig, will der Dichter das weltentbergende Schauen, für welches ihm das griechische Zeitwort *leukein* steht, auf seinen Erfüllungsort hin zentrieren – hin auf den Un-Ort, wo die Welt, lesbar geworden, ihren Sinn dem Sinnesorgan enthüllen würde –, ohne dadurch jenem metaphysischen Sinnkitsch zu erliegen, der das blinde Bedeutungsversprechen mancher Dingensembles als Seinsoffenbarung ausstellt. Freilich korrespondiert solchem Gelingen-im-Scheitern, gerade weil Handke die Bedeutung nicht im Symbol, sondern in der Landschafts-, der Dinggestalt als solcher sucht, ein Scheitern-im-Gelingen. Das Blindzeichen, das nach Einlösung verlangt, fordert der Landschaft ab, was diese nicht zu stiften vermag: Bedeutung – und so entsteht ein Landschaftstypus, dessen Elemente, zumal in höchster dichterischer Formung, nach Unfaßbarem zu ringen scheinen; es entsteht, mit einem Ausdruck von Handke, die »panische Landschaft«, von der in den *Phantasien der Wiederholung* gesagt wird, der Blick in sie sei doch der wahrhaftigste. Der panische Blick, die panische Zusammenschau: sie liefern ein immerfort bewegtes Szenarium, dessen Einzelheiten, gerade weil sie nicht nach irgendeinem Muster der Konvention oder Erwartung, sondern nach Maßgabe der Empfindlichkeit, der Idiosynkrasie des Dichters verknüpft sind, immerfort hilflos, wie irr, etwas bedeuten zu wollen scheinen; ein Tableau, dessen irr-beredte Stummheit nun auch, über die Personen hinaus, die Landschaft in das eisige Licht metaphysischer Gefangenschaft rückt. Die Natur will die Augen aufschlagen, doch ein unbestimmbarer, namenloser Alptraum hindert sie daran, zu uns Blickwesen durchzudringen: »es war ›schöne Mitte‹ und [Celans Erstickungsanfall!] ›Atemwende‹; es war ein Rätsel; es kehrte wieder und war wirklich. Und der es sah, kam sich schlau vor wie der Inspektor Columbo bei der Lösung eines Falls; und wußte doch, daß es nie ein endgültiges Aufatmen geben konnte« – so Handke in *Die Lehre der Sainte-Victoire.*

Handke nennt sein jüngstes Werk »Ein Märchen«, und es trägt den Titel *Die Abwesenheit*. Wie diesem Werk nahetreten? – Bereits der *Nachmittag eines Schriftstellers* verwies den Leser auf eine Stille, die streckenweise der des Grabes nahegerückt war: die Stille des metaphysisch Verwaisten, des einsamen Menschen, dessen Monolog sich aus disparaten Welteinzelheiten Orte herbeiredet, die das Mal des Weltentzugs tragen: Orte wie schöngeglättete Panik, als Folge eines sprachlichen Selbstabschlusses, der dem monadisch Phantasierenden aber als Freilauf in die Welt anmutet. »Während der letzten Stunden im Haus, je lautloser um ihn herum alles geworden war, hatte dem Schriftsteller die Zwangsvorstellung zugesetzt, es gäbe draußen in der Zwischenzeit keine Welt mehr und er in seinem Zimmer sei der letzte Überlebende«; als er dann sein Haus verläßt, trifft er auf ein Winterszenario, worin die Angst, die Welt sei schon untergegangen, den Dingen einvereist scheint (die Angst hat den Schriftsteller verlassen, um, objekthaft erstarrt, nun aus den stummen Dingen selber zu sprechen): »Die letzten Blätter, beschwert vom Reif, stürzten eins nach dem andern zu Boden, fast senkrecht, mit einem Krachen«; »Die emailleglänzenden Hahnenfußkelche täuschten für Augenblicke sogar einen Sonnenschein vor.« Als der Einsame, nach ausgedehntem Spaziergang, abends wieder in sein menschenleeres Haus zurückkehrt, stellt er an sich die Fragen eines Lebenden, der die Lebenden nicht mehr erreicht: »Warum konnte er, die mit ihm waren, erst in sich aufnehmen, sowie sie gegangen waren, je weiter weg von ihm, desto tiefer? [...] Und warum lebte er ganz nur mit denen, die tot waren?« Dann, vor dem Einschlafen: »Endlich nur noch das Liegen. Die Ruhe, es gab sie.« Dann (letzter Gedanke, letzter Satz): »Er wunderte sich über sich; nah am längstvergessenen Schauder.«

Die Abwesenheit – ich lese die Genrebezeichnung »Märchen« für mich als »Spukgeschichte« (es ist natürlich keine, so wenig wie ein Märchen) –, kehrt die großen Themen Handkes, seine Vision der Menschheit und der Landschaft, einer Gemeinschaft-im-Schauen (also unvermaßt) und daher im Licht der Gnade (*leukein*), noch einmal hervor, nun aber bedrohlich freigestellt von allem affirmativen, beschwichtigenden – soll ich sagen: menschlichen? – Beiwerk. Es ist eine Erzählung, wieder einmal eine Wander-Erzählung, von vier menschlichen Monaden, die zufällig aufeinandertreffen, eine »märchenhafte« Reise unternehmen, freilich ohne einander zu begegnen. Wenn sie, der alte Mann, die junge Frau, der Soldat und der Spieler, miteinander reden, dann reden sie nicht miteinander; sie simulieren den Dialog, indem sie Monologe austauschen. Daß der Monolog hier nicht in den Wind gesprochen oder den eigenen vier Wänden vorgetragen wird, sondern in Richtung eines anderen menschlichen Wesens (ohne von ihm, das doch selber nicht dialogfähig ist, eine wirkliche Antwort zu erhalten), steigert die Einsamkeit der so Redenden (und sie reden ohnedies nur wenig) ins Gespenstische. Ein Alptraum wird hier literarisch exerziert, und das Ganze ist, natürlich, eine großartig erzählte Handkesche Selbstfindungs- und damit Erlösungsgeschichte. Der Erlösungs-Alptraum wird hier wie in keiner Erzählung Handkes bisher als ein *Drama euphorisierter Beziehungslosigkeit* sichtbar: einer Beziehungslosigkeit, als deren Wurzel ich Handkes tiefreichende Abwehr des diskursiv-analytischen, des aufklärungsbeflissenen (psychologisierenden, soziologisierenden, politologisierenden) Weltzutritts namhaft machte. Die Helden in *Die Abwesenheit* zeigen ausdrücklichst und bisweilen herzzerreißend, wie man, Handkes Sprachverbot existierend, miteinander »kommuniziert«: gar nicht; derart vermeidet man zum einen die relativierende Ausdünnung, das Zerreden und Fahlwerden der Welt, zum anderen vermeidet man die Ambivalenzenherrschaft des Herzens – und behält Welt wie Herz im Zustande ontologischen In-sich-vernabelt-Seins zurück.

Die Abwesenheit hat eine zauberhafte Eingangsszene. »Es ist ein später Sonntagnachmittag«; nicht der Nachmittag eines Schriftstellers, kein Eis umher, vielmehr Wärme; kein den Sonnenschein bloß vortäuschender emailleglänzender Blumenkelch, sondern schaukelnde, tiefgelbe Sonnennester im Laub: und sofort wird vom Dichter auf diese luzide Atmosphäre das Prinzip der panischen Landschaft angewendet, eigens hervorgehoben durch den Einsatz subjektloser Blicke – oder handelt es sich um den einen Blick Des Abwesenden? »Ein Blick geht hinauf ins Astwerk einer Platane, so als stünde da jemand an ihrem Fuß«; »Ein anderer Blick geht hinab in einen schnellfließenden Fluß«; immerfort wechselt das Bild, die Bilder fügen sich zu keinem Ganzen; es gibt ein »in Augenhöhe«, ein »Ebenso in Augenhöhe«, aber kein Beobachter wird spürbar. Wie also kann das Bild eines fernöstlichen Berges (noch dazu, wo die Geschichte in gar keiner fernöstlichen Landschaft spielt) plötzlich nahe kommen? Wie kann ein kleiner Abreißkalender ins Bild einrücken? Wieder einmal wohnt der Situation, in konzentriert-ruhiger Erzählhaltung vorgetragen, der rumorige Zwiespalt inne: so weit, wie dieser Blick gespannt ist – ist er nicht eigentlich weltumspannend? –, liegt es nahe, ihn als Menschheitsblick zu deuten (freilich ironisch, mit einer an Hitchcocks Kamerawunderfahrten gemahnenden Super-Zoom-Optik); doch man kennt den subjektlosen Blick, eindringlich wie nirgends sonst, auch aus Trakls Gedichten – und ist es dort nicht der Blick von Toten? [Jetzt, da ich Trakl wiederlese, entdecke ich keinen solchen Blick. Ich habe mich wohl geirrt, allerdings scheint mir mein Erinnerungsirrtum in Trakls Gedichten angelegt: In Trakls Landschaften nisten die Blicke der Toten, und man spürt sie Zeile für Zeile.]

Später in Handkes Erzählung, als die vier schon länger zusammen unterwegs sind, taucht plötzlich ein »wir« auf, das sich bis zum Ende durchhält; ein Wir, das – exakter Kalkül des Dichters! – weder als Gruppen-Wir gedeutet werden kann (ausgeschlossen, sich jene disparaten vier als *eine* Stimme vorzustellen), noch als die Stimme eines Gruppen-Einzelnen (denn dieses Wir spricht über jede der vier Personen gleichermaßen objektiv). Dieses Wir ist ein Solidaritäts-Signet ohne Subjekt; es ist sinnlos. Gerade dadurch aber wird es zu einem brüchigen Faszinosum: »Wir« – das ist die Stimme der Menschheit oder die Stimme niemandes, wer vermöchte das zu entscheiden? Die Menschheit soll nur als visionärer Fluchtpunkt taugen, darf nicht identifizierbar sein, keine abstraktbegriffliche Größe; und muß doch das alle vereinzelten Einzelnen Überspannende bleiben. Subjektloser Blick, kollektivlose Menschheit: kein Zweifel, es handelt sich um Grenzbegriffe, um Metaphern des Unerreichbaren, um das, was von den großen Verdinglichungsinstanzen unter der Annahme bleibt, sie verdinglichten nicht mehr ...

Ja, was bleibt? Zum einen, wieder einmal, eben die Hilflosigkeit der Blindzeichen. In der großen Ankunftsrede des alten Mannes – des Alten, der »automatisch« zum Führer der Gruppe geworden ist – heißt es: »Wir werden hier die Dinge in einem anderen Licht sehen, wir werden, solange wir die hiesige Luft atmen, in all dem Leblosen, Wirren zusammenhängende, atmende Zeichen entziffern«, und natürlich wird die Entzifferung auf nicht mehr hinauslaufen, als daß etwas so ist, wie es ist. Später, als der alte Mann seinen Weg in die Leere gegangen und also für immer verschwunden ist (übrigens erfahren wir, daß keiner der drei anderen seinen Namen wußte – hatte er überhaupt einen?), später, unter der Hut von des Alten Abwesenheit, passiert es: »an diesem Tage geschah mit dem Gehen und Immer-weiter-Gehen zugleich auch ein beständiges, unablässiges Ankommen«, ohne daß man erfährt, worin dieses gemeinsame Ankommen, das, beständig, unablässig, sich offenbar nicht im Überschreiten eines Zielpunktes erschöpft, denn nun eigentlich besteht. Läuft hier der Erzählton, die Rhetorik der Lebensreise leer? Ja; indes, zeigt sich nicht gerade darin der »Sinn« dieser Reise: nämlich keinen zu haben, unterwegs zu sein zu einem Ziel, das sich nicht ausdrücken läßt, weil es kein welthaftes, sondern eines ist, das jenseits aller möglichen Erfahrungen liegt – ein »transzendentales« Ziel.

Wittgenstein bemerkt im *Tractatus logico-philosophicus,* daß man die Lösung des Problems des Lebens am Verschwinden dieses Problems merke, und er fügt hinzu: »Ist nicht dies der Grund, warum Menschen, denen der Sinn des Lebens nach langen Zweifeln klar wurde, warum diese dann nicht sagen konnten, worin dieser Sinn bestand?« – Wie aber erfährt man vom Sinn des Lebens? Durch Gleichnisse und Bilder, deren Unanwendbarkeit auf jedwede Erfahrungssituation ihren Witz ausmacht: im plötzlichen Erkennen der Unanwendbarkeit, der LEERE, liegt jener Ruck beschlossen, der einer scheinhaften Erfahrungsszenerie ein transzendentales Gepräge verleiht. *Die Abwesenheit* ist eine anschauungsdichte Erzählung über Transzendentales. Sie ist ein großes gleichnisübersteigendes Gleichnis, und immer wieder zeigt sie dies auch. Die Landschaften, welche die vier durchqueren, sind ganz konkret und doch bisweilen seltsam ungreifbar, ja unwirklich. Mehr als einmal läßt Handke die Unwirklichkeit anklingen, indem er reale Szenen beschreibt, als ob sie bloß im Film vorkommen könnten; beispielsweise wenn von einem Mondlicht gesagt wird, es sei »so hell wie nur einst in den schwarzweißen Western«, oder wenn die rasche Wellenbewegung eines Flusses bei den flußabwärts Wandernden einen Richtungstrug bewirkt, »wie die sich scheinbar rückwärts drehenden Radspeichen der Kutschen in den Wildwestfilmen«. Die junge Frau hält eine Rede, in der sie unwidersprochen die vom Alten der Gruppe gezeigten altehrwürdigen Dinge (unter anderem einen Felsquader mit den römischen Buchstaben D. I. M. für »Deo invicto Mithrae«) kurzerhand als Trug bezeichnet (DIM sei eine Strumpfhosenmarke): als Attrappen und Teile von Filmkulissen. Spielt etwa die ganze Reise in einer Papplandschaft? Ist vielleicht alles falsch, alles Kulisse? Womöglich bloß da, um blind auf ein Dahinter zu deuten, ein Hinter-den-Kulissen, wohin aber kein Weg führt, weil alles, was Weg ist, zur Kulisse gehört? Und in der Tat ist eine der gewichtigsten Landschaften der Erzählung – »Das Hochland schwingt aus zu einer jedes Augenmaß übersteigenden Mulde« – nicht nur überdimensioniert wie sonst höchstens vergleichbare Gegenden »im Traum«, sondern die Landschaft wirkt zunächst als eigens arrangiertes Schaustück, geeignet, dem Betrachter das Gegenteil von dem, was wirklich ist, vorzutäuschen: »ein reges Leben, sogar eine frenetische Erwartung [...], so als sei da in Begeisterung eine festfrohe Menschheit versammelt«; »Das Land ist jedoch offenbar bis hin zu seinen Grenzen menschenleer, und auch ohne Spur einer gegenwärtigen Zivilisation«. Oder sollte man besser sagen: Die festfrohe Menschheit ist, genauer betrachtet, ein frenetischer Falschglanz über dem Schweigen, der Öde, der Verlassenheit – über der Abwesenheit, die das Wirkliche ist? Wer in den Kulissen, der Pappwelt des Seins lebt, genießt deren Schutz, freilich wird auch alles, was er tut oder sagt, den Charakter des Unwirklichen an sich tragen. Als der Spieler der jungen Frau erklärt, er habe in ihr einst die Frau seines Lebens getroffen, »makellos, rein, heilig, sogar göttlich«, »zugleich ganz weiblich, ganz Fleisch, ganz Körper, ein vollkommenes Gefäß«, also etwas durch und durch Künstliches nach Art der Vexierbilder, da sind alle Liebeseinzelheiten bloß metaphorischer Natur: er kam über sie und hat sie durchbohrt, aber nicht wirklich!, und er zeugte mit ihr öffentlich – die Durchbohrung geschah während einer psychiatrischen Vorlesungsstunde, wo die junge Frau den Studenten als Demonstrationsobjekt vorgeführt wurde, und er, der spätere Spieler, saß brav im Auditorium –, zeugte also öffentlich mit ihr »ein einmaliges Kind«, aber nicht wirklich: »Die Frau wird darauf fragen: ›Was für ein Kind?‹ [übrigens: ironischerweise der einzige wirkliche Dialog der Erzählung], und der Spieler geantwortet haben: ›Ein bis heute ungeborenes, vielleicht schon totes, wahrscheinlich lebensunfähiges – ein schwächer und schwächer werdendes Bild.‹« Handke gelingt hier ein bewegendes Symbol für die absolute Unfähigkeit jener, die in der

Kulissenwelt (der Welt der Seinsverstelltheit) leben, eine Liebesbeziehung, den Archetyp der menschlichen Begegnung, zu existieren: Das in der Bilderwelt gezeugte Kind, Zeuge der Liebe,
freundlicher Leitzwerg, ist ein Ungeborenes – ein schwächer
und schwächer werdendes Bild –; niemals wurde dieses Kind
gezeugt, und vielleicht ist es schon tot: ein schwächer und
schwächer werdendes Bild, ein Bild für etwas, was gut wäre
und schön und wahr, doch was in den Kulissen nichts weiter
sein kann als blinde, irre Sehnsucht. *Die Abwesenheit* ist die Geschichte des Eintritts in das Sehen, das real ist und bei Verstand.
Die Lügen sind schließlich ausgereizt. Als der Spieler und der
Soldat im Gras saßen und spielten, mochte ihnen der Spielplatz
noch als Umfriedung gelten, jenseits derer das liegt, was
schreckt: »dort kann nur wieder die übliche Zeit herrschen, das
Tagesgeschehen, die böse Unendlichkeit, der fortgesetzt große
und kleine Weltkrieg«, usw. Und als, nachdem der Alte auf
Nimmerwiedersehen verschwunden war, die drei anderen sich
schuldig fühlten, da mochte ihnen folgende Frage zu schaffen
machen: »Das hatten wir also davon, daß wir die Geschichte,
die eigene wie die große, loswerden hatten wollen und aufge-
brochen waren in die sogenannte ›Geographie‹?« Die Erlösung
jedoch als die Bewegung, die hinter die Kulissen führt, das
Phantasieren zur Wirklichkeitsschau verhärtet, klärt – sie ist die
Vollendung der Einsamkeit, weil dem Erlösten ein Ding ein
Ding ist, nicht mehr und nicht weniger, unberührt durch das
Vermittlungswerk aller »Ideen«, die das in der Anschauung un-
mittelbar Seiende geschichtlich werden lassen, oder weltkriegs-
haft oder umfriedend, usf.: der Ideen und Vorstellungen also,
die zwischen den einzelnen ein Band der Allgemeinheit span-
nen, Fäden der Solidarität und der Zwietracht. Im Zustand
der vollendeten Einsamkeit bekommen die drei unterm Ab-
wesenheitsschutz ihres Führers, bekommen die junge Frau,
der Spieler und der Soldat »die Augen aller menschlichen Ras-
sen«.

Das Sehen ist der Fall – und ich sage absichtlich nicht: das

Schauen (von *leukein*), welches ja, laut Loser-Handke, der Vorstellungskraft bedarf, damit dem Subjekt die Dinge, die es gewahrt, als weltentbergende Bilder einleuchten können; das *Sehen*, bedarf es der Vorstellungskraft überhaupt noch? Einst hatte der alte Mann den Reisegefährten das Sehen beschworen:

»Das Gras wird dort gezittert haben wie nur das Gras, der Wind dort wird geweht haben wie nur der Wind, die Ameisen werden durch den Sand gezogen sein als der Ameisenzug, die Regentropfen im Staub werden die unvergleichbare Form von Regentropfen im Staub angenommen haben: Wir werden an jenem Ort, auf den Fundamenten der Leere, einfach die Verwandlung der Dinge gesehen haben – in das, was sie sind.«

Auf den Fundamenten der Leere: liefert solches Sehen nicht in Wahrheit Tautologien der Anschauung (»dieses Ding ist dieses Ding«), und ist der Ruck der Verwandlung nicht das schockhafte Innewerden der Unvermitteltheit eines jeden Dinges – seiner absoluten Einsamkeit, und seiner absoluten Geborgenheit vor dem Fraß der Vermittlungen (Theorie, Geschichte, Analytik)? Als dann das Sehen der Fall ist, schildert es »wir« folgendermaßen:

»Die Glocke im Domturm, regloser schwarzer Umriß, hing. Die geraden Steintreppen schwangen sich empor. Die Sonnenschirme wölbten sich. Das Zimmermädchen lehnte. Wir saßen. Die Gärtner standen. Die Mauern standen. Die Zweige der Zedern verschränkten sich. Die Wurzeln streckten sich. Das Magma lohte. Der Weltraum schwirrte. Die Vögel am Himmel schwebten Flügel an Flügel. Die Nadeln grünten. Der Stamm rundete sich.«

Am Ende der Lebensreise, die nicht weniger als eine Menschheitsreise ist, scheint nur dieses zu stehen: *Es ist, wie es ist* – eine schöngeformte, luzide Sottise der wachen, kalten Sinne; ein Nichts-&-Alles, das jeder, den die Gnadenmaschine niedermäht und aufrichtet, nur für sich selber, als metaphysisch Vereinzelter, erfahren kann. Es IST, WIE ES IST. Und dieses in immer neuen konkreten Formungen sehend, wurde geweint – oder auch nicht.

Aufeinander zu, aneinander vorbei

*Über Bedingungen der Möglichkeit des rechten Verstehens
und Liebens, fragmentarisch dargelegt aus Anlaß
von Peter Handkes frag-würdigem »Spiel vom Fragen«*

»Über jemanden zu schreiben, heißt ihn weiterdenken, durch
ihn hindurch voraus- und zurückfühlen, mit ihm über ihn hin-
ausgehen. Das gelingt nur mit solchen, die das Offene so in sich
tragen, daß es sich zu einem fortsetzbaren Zusammenspiel eignet, nicht, in eine Gestalt verrannt, verharrt.«
(Alfred Kolleritsch, *Auf dem langen Weg zu den Waldörfern,*
1989)

Also, Sie schlagen ein Buch auf, beginnen zu lesen. Sie gehen
davon aus, daß das, was in dem Buch steht, einen Sinn hat. Sie
rechnen, als gewiefter Leser, damit, daß der Sinn vielleicht dun-
kel ist, auch damit, daß von *einem* Sinn vielleicht gar nicht die
Rede sein kann, weil nämlich die Botschaft des Autors mehr-
deutig ist. In jedem Fall aber wollen Sie verstehen, was der Autor mitteilen wollte. Er ist der Sender, Sie sind der Empfänger,
und Ihr Vorhaben glückt, sollte es Ihnen gelingen, die Botschaft zu entschlüsseln.

Soweit – um einen Ausdruck Karl Poppers zu variieren – die
Kübeltheorie des Verstehens. Der Kübel sind Sie; und den Kübel gibt es nicht. Denn das, was wir Sinn nennen, ist ein Produkt aus dem Vorverständnis des Interpreten und dem Verständnis heischenden Text. Wenn Sie Popper goutieren, werden Sie zustimmend nicken: Falsch ist die Kübeltheorie, wahr
hingegen ist die Scheinwerfertheorie des Verstehens. Sie sind
kein Kübel, Sie sind ein Scheinwerfer. Aus der Nacht des Textes blenden Sie, gemäß Ihrer hermeneutischen Disponiertheit,
gewisse Aspekte auf, während Sie andere im Dunkeln belassen; und Sie verbinden das aufgeblendete Material zu einer

Sinngestalt, während Sie mögliche andere Gestaltungen nicht in Erwägung ziehen.

Nun, haben Sie erst die Popper-Reife erlangt, muß Ihnen die Scheinwerfertheorie ihrerseits als zu simpel anmuten. Denn Sie sind nicht bloß ein Scheinwerfer, sondern kraft Ihrer reflexiven Kapazität, auch der Mechaniker, der einen Scheinwerfer durch einen anderen ersetzen kann. Sie sind imstande, bei sich selber Umbauarbeiten des hermeneutischen Apparates vorzunehmen. Und Sie können die dabei entstehenden Differenzen anhand der Ergebnisse analysieren.

Derart wird sich Ihr Verstehenshorizont auf wunderbare Weise ausweiten. Freilich haben Sie dann ein sogenanntes Nachfolgeproblem: Welcher Deutung des Textes sollen Sie Glauben schenken? Alle Deutungen stammen ja von Ihnen. Aber daraus läßt sich kein Wahrheitskriterium gewinnen. Bei allem Respekt, die Wahrheit sind, was immer sie ist, nicht Sie! Und weil Ihnen die Ergebnisse Ihrer multiplen Deutungsbemühung über weite Strecken als unvereinbar erscheinen, sehen sie sich außerstande, aus ihnen guten intellektuellen Gewissens eine Sinntotalität zu erzeugen.

Es geht auch anders, doch so geht es auch? Das ist ärgerlich. Denn nun verdunkelt sich Ihnen der Sinn des Textes wieder: Alles verstehen heißt nichts verstehen. Sie werden also, nachdem Sie Ihre Verstehenskarriere mit der wackeren Option begannen, die Botschaft zu entschlüsseln, ein Wankelmütiger des Sinns, ein Sinn-Frager ohne Aussicht auf die rechte Antwort. Indes, was ist dann die *rechte* Frage? Jetzt wird Ihnen schwummerig, denn in Ihnen regt sich der Verdacht: *Die* Frage gibt es nicht.

Ich schlage also Handkes neuestes Buch auf, beginne zu lesen. Aha, es geht um das rechte Fragen – und ich weiß nicht, wie das zu verstehen ist. Ich leide an multipler Verstehens-Sklerose.

I

DIE LÖSUNG DES PROBLEMS DES FRAGENS ERKENNST DU AM VERSCHWINDEN DIESES PROBLEMS

Zur Kultur des Feuilletons

Es liefe auf blanken Moralismus hinaus, wollte man die zwieträchtige Allianz zwischen Autor und Kritiker – eine Art kontrapunktischer folie à deux – einem persönlichen Verstehensunwillen, gar einem böswillig herbeigeführten Verstehensdefekt anlasten.

Das Feuilleton, auch in seiner bundesdeutschen Vollendung, produziert pausenlos etwas, was man als »zeitprodukti ves Mißverständnis« bezeichnen könnte. Verstehen erscheint in Form der »Kritik« unter dem Prätext zeitläufiger Empfindlichkeiten und Urteilsmuster. Tagesexzentrizität ist nicht gestattet, es sei denn als ihrerseits zeitgebotene Attitüde des Abstandnehmens: zur Mode kann auch noch werden, das viclzu viele Heute, dessen pure Existenz es bereits deklassiert, mit Rücksicht auf das ewig aktuelle Gestern und Vorgestern vollends zu nichten.

Da die »Kritik« in keiner Kultur der *Bildung* mehr wurzelt, welche Gegenwart erzeugt, indem sie die Bedeutung des Neuen vor dem relativ stabilen, gegenwartsexternen Spannungshintergrund einer Tradition festlegt, wird Bedeutungsstiftung zu einem Spiel formaler Entgegensetzungen im geschlossenen Kreis einer gleichsam ewigen Gegenwart ohne Vergangenheit und ohne substantielle Zukunft. Man kann dieses Phänomen gut an dem immer rascheren Verschleiß der Avantgarden studieren, bis hin zu jenem Punkt, wo das avantgardistische Prinzip selber der Verschleißdynamik anheimfälllt, derart veraltet; die Postavantgarde dringt ja nicht auf die Wiederherstellung einer Kultur der Bildung, sondern erweist sich viel eher als die abstrakte Negation der ihrerseits abstrakten Bestimmung des kulturellen Fortschritts nach Maßgabe

einer permanenten Abstoßung dessen, was im jeweiligen Gestern – das dem Heute rasch näherrückt – noch als letzte Wahrheit dogmatisch zirkulierte. Gegenwartsschrumpfung und
Gegenwartsdehnung sind so bloß Ansichtsweisen desselben
Prozesses. Das Neue, das heute ein Künstler schafft, gehört in
dem Augenblick einer bereits wieder abgelebten Vergangenheit an, in dem es die Kritik aus der Gesamtmasse an kreativen
Erzeugnissen herauslöst und als bedeutungsvoll in die Gegenwart einbindet. Gleichzeitig sedimentiert sich das abgelebte
Neue niemals zu einer Vergangenheit, aus deren Sockel, wie
aggressiv er auch bearbeitet werden mag, eine belebende Vision dessen, was erst einzulösen wäre, entweichen könnte;
aber weil nichts mehr Vergangenheit werden kann, verharrt alles im Status der Gegenwärtigkeit, die dadurch freilich immer
stärker das Gepräge des Toten, und in diesem Sinne der Ewigkeit, annimmt.

Dabei verfährt die Kritik, faßt man ihre elaborierten Er-
scheinungsweisen ins Auge, unterdessen so differenziert wie
niemals zuvor. Denn was einerseits als die anomische, weil an
keine Tradition mehr ernsthaft gebundene Verfügung über ästhetische und lebensweltliche Perspektiven beschreibbar ist,
das läßt sich andererseits als produktive Entschränkung auffassen: Die *gebildeten* Kulturen sind stets auch dumm, weil ihr
unhintergehbares Wertekorpus die Bandbreite der für möglich
oder diskutabel erachteten Verstehensleistungen gegenüber
dem jeweils Neuen radikal einengt. Lächerlich anzunehmen,
Goethes Klassik hätte – um ein möglichst drastisches Beispiel
zu wählen – auf *Zettels Traum* anders reagieren können denn
durch die Zuschreibung pathologischer Prädikate oder einfach
mit kommentarlosem Kopfschütteln. Ein analoges »Unverständnis« ist unserer Zeit wesensmäßig fremd. Denn es gibt
buchstäblich keine Form der Innovation oder Abweichung
vom brodelnden Status quo, für die wir nicht auch schon bereit wären. Wir sind nun so lange durch alle möglichen kreativen Entgrenzungsschübe gegangen, daß wir auf jede denkbare

Entgrenzungsleistung eine »verständige« Reaktion bereit haben. Anders gesagt: wir haben gelernt, mit der prinzipiellen Unverfügbarkeit von Grenzen *diskursiv* zu leben, wovon nicht zuletzt ein breiter ästhetischer Diskurs Rechenschaft ablegt, dem die stets unabgeschlossene, die virtuell unendliche Grenzüberschreitung zum thema probandum der Moderne wurde. Deshalb auch, inmitten unserer wurzeltief säkularisierten, endlichkeitszentrierten und durchrationalisierten Welt, der Kult des Unsagbaren, Undarstellbaren, der absoluten Übertretung und des »Erhabenen« – lauter subversiv-utopische Fluchtpunkte einer Hermeneutik, die den Wahrheits-, den Erfüllungsort aller künstlerischen Dynamik dort ansiedelt, wohin keine kulturelle Zeichen- oder Sinngebung, kein wie immer bewegliches Verstehen mehr reicht.

Aber obwohl die Kritik heute so differenziert wie niemals zuvor verfährt, bleiben ihre Kommentare dem Kommentierten auf eigentümliche Weise äußerlich – sie repräsentieren stets auch eine Form des Mißverstehens. Im Rahmen einer entschränkten Verstehensordnung, der alle gegenwartsexternen Maßstäbe als urteilsvermittelnde Konstanten verlorengegangen sind, wird das ästhetisch jeweils Neue zu einer vexierbildartigen Erscheinung multiplen Zuschnitts. Man kann es als das, was die Grenzen des kulturell bereits Eingemeindeten überschreitet (und daher einer Interpretation bedarf, um der Kultur kommensurabel zu werden), so oder so oder so sehen. Die hermeneutische Reaktion hat stets die Qual der Wahl *einer* Deutungsfestlegung, deren Beliebigkeit bei aller Stringenz des kritischen Blicks bestehen bleibt. Denn die Offenheit des Sinns, die mit der Grenzüberschreitung einhergeht, läßt sich unter Zuhilfenahme frei zirkulierender Kritikmaterialien, deren Kombinationsmöglichkeit durch keinerlei Bildungs-Apriori begrenzt wird, stets kraft unterschiedlicher und im Extrem antagonistischer Verstehensakte schließen. Nur *ein* Beispiel, das mit dem Thema »Handke und die Kritik« mehr zu tun hat, als auf den ersten Blick einleuchten mag:

Spektakelgerecht erschienen in der Wochenschrift *Die Zeit* (Nr. 46, 11. November 1988) zu Martin Scorseses wildumstrittenem Film *Die letzte Versuchung Christi* zwei Großkritiken, wobei die eine für, die andere gegen das Artefakt votierte. Den beiden Autoren, Walter Jens und Ulrich Greiner, kann Kompetenz wahrlich nicht abgesprochen werden. Auch wird man nicht sagen dürfen, beide hätten Unterschiedliches gesehen oder gehört, während Scorseses Film vor ihnen abrollte. Beide sind sich ja darin einig, daß der Film die Wundergeschichte des Jesus von Nazareth mit den Mitteln eines konventionellen und pathetischen Realismus abhandelt. Jens allerdings diagnostiziert mit theologisch geübtem Blick: »Wirklich schlimm hingegen wird es, wenn der Mann Jesus, in den Erhöhten verwandelt, seine Hollywood-Mirakel vorführt, aus einem Apfelbutzen einen Baum sprießen läßt, den stinkenden Lazarus [...] zum Leben erweckt oder, Gipfel der Peinlichkeiten, plötzlich sein apfelrotes, anatomisch wohlgeformtes Herz aus der Brust zieht – eine Sequenz, die genügt hätte, um den Betrachter (im Zustand puren Entsetzens; theologisch nicht minder angewidert als ästhetisch) den Saal räumen zu lassen.« Dagegen Greiner: »Wenn der Jesus von Scorsese in seine Brust greift und sich leibhaftig das Herz herausreißt, um es seinen Jüngern zu zeigen, dann ist diese Szene Zitat und Skandal zugleich. Zitat, weil sie an die kaum weniger brutale Bilderwelt der Herz-Jesu-Verehrung anknüpft, Skandal, weil sie sich deren religiöse Inbrunst zu eigen macht, ohne sich davon zu distanzieren.«

Greiners Beurteilung des Scorsese-Spektakels rettet dieses, indem sie ihm attestiert, die biblischen Szenarios wörtlich zu nehmen und gerade dadurch offenkundig werden zu lassen, daß wir unserem religiösen Gemeingut von Grund auf entfremdet sind. Zehrt es doch nach wie vor von einer Bilder- und Fabelwelt, deren akkurate Umsetzung ins Kunstwerk *erhellend* mißlingt: Anstatt die Wahrheit der christlichen Passion freizustellen, konfrontiert sie uns mit der Unannehmbarkeit des Wortlauts, der allein in der Lage wäre, uns auf *einen* Heilsglauben, nämlich den, den wir kraft der Autorität des Evangeliums als den unseren identifizieren, zu verpflichten. Demnach wäre Scorseses Film, *recht* betrachtet, einer über das unglückliche Bewußtsein einer Christenheit, die ihre Identität einzig über die permanente Aneignung der Geschichte des Jesus von Nazareth sichern kann, während es gerade diese Geschichte ist, die, »aktualisiert« und uns derart scheinhaft nahegerückt, erkennen läßt, in welchem Umfange ihr kindlicher Realismus, ihre prämodernen und mysterienträchtigen Details unsere Glaubensbereitschaft düpieren. Jens hält dagegen, derlei Düpierung sei nicht nur das Ergebnis einer Vulgarisierung der Romanvorlage – der *Letzten Versuchung* von Nikos Kazantzakis, seit Pius XII. auf dem Index der katholischen Kirche –, sondern viel mehr noch einer völlig unangemessenen Verbilderung des Neuen Testaments: »krude Paraphrase in Agfacolor«. Immerhin *kann* sich Jens eine filmische Realisierung *der* Heils- und Leidenserzählung vorstellen, aber eine irgendwie ganz andere: Jesus möge uns auf der Leinwand erscheinen, wie bei Kazantzakis beschrieben, mit Wangenflaum, krausem schwarzem Kinnbart, jüdischer Hakennase, negroid wulstigen Lippen, und »wie plastisch wäre der nah-ferne Jesus geworden, hätte man ihn, nach einem Seitenblick auf die Evangelien, in seiner abstandgebietenden Vertrautheit mit den Menschen gezeigt«. Demnach erzeugt Scorseses Film mit den Mitteln des Hollywood-Realismus eine Übernähe; Gottes Sohn agiert als blonder Supermann, als ein »Billy Graham, der zugleich, gestählt wie er ist, bei einer Olympiade mithalten könnte«, auch bei einer Olympiade der Illusionisten und Zauberkünstler. Jensens Vorwurf scheint darin zu gipfeln, Scorseses Realismus verfehle, ja verstelle den religiösen Tiefengehalt der Evangelien, welche die Vorstellungswelt *ihrer* Zeit mobilisierten, um von einer *alle* geschichtlichen Zeiten heilsgeschichtlich überwölbenden Wahrheit – der Menschwerdung Gottes im Dienste der Erlösung des ursündigen Menschengeschlechts – zu künden.

Die Urteilsmuster der kregeln Streithähne, von beiden subtil gehandhabt, sind nichtsdestotrotz wohlbekannte Spielmarken auf dem Permutationsfeld der Kritik. Artefakte, deren relatives Novum darin besteht, elaborierte ästhetische Erwartungshaltungen »regressiv« zu verletzen – etwa durch Trivialisierung, Verkitschung, Entsublimierung traditioneller Themen und ihrer delikaten künstlerischen Behandlungsformen –, können als erkenntnisträchtige Kommentare zur Dissonanz von kulturellem Schein und gesellschaftlichem Sein gelesen werden. Nicht, daß Scorsese die Bildersprache des Neuen Testaments (inklusive gewisser apokrypher Varianten) ernst nimmt, bildet für sich den Gegenstand der Greinerschen Laudatio, sondern daß uns der Regisseur durch sein plakatives Verfahren »implizit« darüber belehrt, wie wenig die akademische Auslegungstradition des christlichen Heils- und Passionsgeschehens, vornehmlich die entmythologisierende Bibelexegese, fähig ist, die als veraltet empfundene Bilder- und Handlungswelt der Evangelien glaubensadäquat zu restituieren. Auf der anderen Seite bedient sich die Kritik gegenüber ästhetischen Rückläufen gerne jener progressistischen Spielmarke, welcher eine Grenzüberschreitung einzig über das Niveau bereits erreichter Distinktionen hinaus als zulässig erscheint. Jens beschwört denn auch an einer Stelle Karl Barth, um die Grenze zu bezeichnen, hinter die zurückzugehen automatisch Niveauverlust bedeutet: »und welch grandioses Gespräch hätte sich dabei aus der Debatte zwischen Jesus und dem ›Anderen‹ machen lassen, dem Überlieferer, ohne den es, mit Karl Barth zu sprechen, keine Überlieferung gäbe.«

Es schiene mir ganz abwegig, zwischen Jens und Greiner eine Entscheidung herbeiführen zu wollen. Denn auf welcher Urteils*grundlage* könnte eine solche gerechtfertigterweise statthaben? Was ich als Bildungs-Apriori kennzeichnete, das heißt als die kulturkonstitutive Einengung möglicher Kritikstrategien kraft der Wirksamkeit eines traditionsgestifteten, in der fließenden Gegenwart unhinterfragbaren Wertekorpus, existiert nicht mehr. Es gibt nur den wirbeligen Fluß vergangenheitsloser, aus der Geschichte herausgestanzter und in diesem Sinne geschichtlich entwurzelter Spielmöglichkeiten. Und dementsprechend gibt es nur ein Verstehen, welches das Kunstwerk gleichermaßen erst erzeugt, wie ihm äußerlich bleibt. Einerseits ist das Kunstwerk ohne ihm korrespondierende Kritik ein blinder Fleck auf einer kulturellen Landkarte, deren interpretativ verfestigte Regionen (das Abgelebte, Museale; das Neue von gestern) keine konsensuellen Maßstäbe zum Verständnis des grenzüberschreitend Neuen von heute bereitstellen. Andererseits wird eben dadurch die Kritik beliebig, geht man nur davon aus – und davon wird man ausgehen müssen, soll der Kritik ihr Gegenstand nicht überhaupt abhanden kommen –, daß kreative Erzeugnisse einen Sinn haben und daß das Wesen jedweder Hermeneutik darin besteht, diesen Sinn zu erkunden. (Nicht zu Unrecht wurde moniert, die modernistische Auslegung des Artefakts supponiere zusehends dessen Stelle, beginne sich mithin als das *eigentliche* Kunstwerk aufzuspreizen ...)

Wenn meine Diagnose stimmt, dann gründet der Verstehensdefekt der »Kritik« unterdessen keinesfalls in einer Unfähigkeit, die sich dem Kritiker persönlich zurechnen ließe. Selbst wenn es stimmte, daß in den Feuilletons die Turnschuhtreter des Geistes sitzen (eine Formulierung von Botho Strauß), selbst dann wäre dies bloß der Reflex einer tieferliegenden, sozusagen zeitstrukturellen Notlage der hermeneutischen Intention, über die sich der einzelne nicht »aus eigener Einsicht« erheben kann. Ja, genauer besehen, ist auch der Künstler ein Produkt jener Notlage. Denn sein Sinn-Gebaren formt sich, ob willfährig oder rebellierend, in Abhängigkeit von den Bedingungen der Möglichkeit des Verstehens, die seine Zeit *ab ovo* prägen.

»Gerade deshalb sollten Sie das Böse beschreiben, nicht dauernd Ihre Hymnen an das Gute und Schöne.«
»Sie sind ein Depp!«
(André Müller spricht mit Peter Handke, *Die Zeit*, Nr. 10, 3. März 1989)

Man erkennt, hoffentlich, den Zusammenhang des soeben Ausgeführten mit der chronischen Mißgestimmtheit zwischen Handke und seinen *informierten* Rezensenten. – Jens prägte, wenn ich nicht irre, das Wort vom »Heino der Metaphysik«. Dieses Wort nehme ich nun herzhaft wacker auf, um das *Spiel vom Fragen* einer bösartigen Lesart zu unterziehen, dabei jenes zeitproduktive Mißverständnis reproduzierend, vor dem gefeit zu sein ich mir nicht einbilde. Hinterher wird man sehen – und zwar ohne den Feuchtblick des Apologeten –, daß es auch anders, und zwar besser, geht.

Am Ende seines *Spiels vom Fragen,* das auch heißt: *Oder die Reise zum sonoren Land,* läßt Peter Handke den Einheimischen noch einmal umfänglich zu Wort kommen. Der zitiert drei »Feldherren«, die, gerade weil sie die »unseren« sind, ungenannt bleiben (so tief sollen sie uns schon in Fleisch und Blut übergegangen sein?):

»Die ungeheuerlichste Kultur, die sich der Mensch geben kann, ist die Überzeugung, daß die andern nicht nach ihm fragen.«

Und:

»Alles Fragwürdige wird am besten des Nachts herausgefunden.«

Und:

»Du wirst sie [die Heimat] nie erfragen, wenn dir nicht ein Traum von ihr genügt.«

Rätselsprüche, Rätselstimmen. Lassen wir sie namenlos, denn die vierte Stimme, auf die hin sich hier alles verdichtet, wird noch nicht einmal apostrophiert – und gerade deshalb muß ihr Name, zwecks kontrollierender Distanz, dem Leser-Hörer ins Bewußtsein gerückt werden: *Ludwig Wittgenstein*.

»Brenn es dir ein«, sagt der Einheimische: »Zu einer Antwort, die man nicht aussprechen kann, kann man auch die Frage nicht stellen. Das Rätsel gibt es nicht.« Und dann: »Die Lösung des Problems des Fragens erkennst du am Verschwinden dieses Problems.«

Und der Einheimische fährt fort, bis zum Ende seiner Suada:

»Keine Zwischenräume mehr – also auch keine Fragen mehr. Bäume, wiegt mich mit euch. Der Schmetterling geht ab in Gestalt eines Mädchens. Der Wahnsinnige tritt auf mit dem Blütenzweig der Jahreszeit im Haar. Die kirschgroßen Regentropfen treffen, ohne ihn aufzuwirbeln, auf den Staub des Feldwegs [ach, Heidegger!] und die Strohhalme der verlassenen Felder. Helles Bild nähert, dunkles entfernt sich. Wo ist der Hund, der dem armen Lazarus die Schwären des Fragens ableckt? ›Ich hämmert‹ in der Nacht ...‹ Warum? Warum? Warum? ›Die Rose ist ohne warum?‹ [Ach, Angelus Silesius!] Und du? Und du? Und du?«

Also, meinen Wittgenstein kenne ich (kenne ich ihn?). *Das Rätsel* gibt es für den Autor des *Tractatus logico-philosophicus* deshalb nicht, weil es eine Frage ohne mögliche sinnvolle Antwort ist. Jede sinnvolle Frage hat irgendeine sinnvolle Antwort, mögen wir sie finden oder nicht. Die Fragen nach dem Ursprung des Kosmos oder des Lebens haben sinnvolle Antworten, sofern es sich dabei um Fragen der Naturwissenschaften handelt. Urknall und Urschleim – das sind Antworten, die sich aus der Erfahrung induzieren und an der Erfahrung überprüfen lassen. Eine Antwort hingegen, die über nichts spricht, was Gegenstand einer möglichen Erfahrung werden oder jedenfalls daraus erschlossen werden kann, ist nicht eine falsche, sondern überhaupt keine Antwort; vielmehr handelt es sich um unsinniges Gerede, um eine »Antwort, die man nicht aussprechen kann«, wenn Sprechen heißen soll, sinnvolle, mithin verstehbare Aussagen zu machen. Und zu einer solchen Antwort »kann man auch die Frage nicht aussprechen«. Deshalb gilt: »Wenn sich eine Frage überhaupt stellen läßt, so *kann* sie auch beantwortet werden.« Und es gilt des weiteren: »*Das Rätsel* gibt es nicht.« (*Tractatus* 6.5) Denn *das Rätsel* ist die Frage, zu der sich keine sinnvolle Antwort denken läßt.

Nun »gibt« es aber *das Rätsel* doch, freilich in keiner möglichen erfahrungswissenschaftlichen Sicht der Dinge. In dieser Sicht der Dinge gibt es *das Rätsel* nicht: *das Rätsel* – das ist das Rätsel, *daß* die Welt existiert (nicht, *wie* die Welt existiert), und auch das Rätsel des Lebenssinnes (nicht des Ursprungs des Lebens und seines Soseins). *Das Rätsel* ist das Mystische.

»Wir fühlen, daß selbst, wenn alle *möglichen* wissenschaftlichen Fragen beantwortet sind, unsere Lebensprobleme noch gar nicht berührt sind. Freilich bleibt dann eben keine Frage mehr; und eben dies ist die Antwort.«

»Die Lösung des Problems des Lebens merkt man am Verschwinden dieses Problems. (Ist nicht dies der Grund, warum Menschen, denen der Sinn des Lebens nach langen Zweifeln klar wurde, warum diese dann nicht sagen konnten, worin dieser Sinn bestand.)«

»Es gibt allerdings Unaussprechliches. Dies *zeigt* sich, es ist das Mystische.«
(*Tractatus* 6.52–6.522)

Bei Handke wird, wir haben es gesehen, aus dem Problem des Lebens ein Problem des Fragens – und zwar nicht irgendeines Fragens, sondern des *rechten* Fragens. Die Personen seines *Spiels* verkörpern, mit der einen Ausnahme des Parzival, existentiell unterschiedliche Fragehaltungen; sie alle sind mystisch Erregte auf der Reise zum sonoren Land, nach dorthin, wo die rechte Frage schon *gestellt worden sein wird* und also nicht mehr gefragt zu werden braucht. Der Spielverderber sagt dies so:

»Denn darstellen sollt ihr nicht das *Richten,* sondern das

Haben der Fragen. Zeigt uns Zuschauern zuerst unsere Aufregung vor der Entdeckung einer Frage, dann die staunende Ruhe, in der wir sie haben, danach unser Ganz-Frage-geworden-Sein, und zuletzt jenen Zustand, in dem unser Fragen eins wird mit unserem Gefragtwerden.«

Dem entgegnet der Schauspieler:

»Aber wie ist das pure stille Fragenhaben, Fragendsein und Gefragtsein denn zu spielen?«

Und der Spielverderber antwortet, abgleitend in den coniunctivus irrealis – der Menschheit steht, wenn überhaupt, das gelobte Land der Einsheit von Frage und Gefragtwerden noch bevor –:

»Ich hatte ein paar Bilder davon: Erst einmal unsere Ankunft hier in einer Stille, von der man sagen könnte: ›Das nennt man Stille!‹ Da hätten wir dann innegehalten, als an unserem Reiseziel: Im Stand des Fragens. Nichts wäre dann geschehen, als daß ein Schweigen auf das andere gefolgt wäre. […] Allein unser Ganz-Frage-Sein hätte sich ausgewirkt als jene Harmonie, in der sogar die scheue Eidechse nicht nur nicht wegflitzt, sondern kommt und zu unseren Füßen sitzenbleibt, höchstens einmal kurz zuckend, wenn ihr eine Ameise über das Auge läuft. […] In der Zeit der Fragestille hätten wir erfahren was? Was wir tun sollen. Und nach dieser kleinen Weile hätten wir noch wortlos ein Glas aufeinander getrunken, und ein jeder wäre wieder seiner Wege gegangen.«

Man kann Handke, wie jeden vielschichtigen Autor, auch bösartig lesen. Lesen ist eben eine selektive Tätigkeit, und die Auswahl, am Leitfaden vorgängiger Rezeptionsmuster, bestimmt die Wertung.

So läßt sich, zum Beispiel, aus Nietzsche ein Protofaschist machen, indem man seine zentralen philosophischen Kategorien um Schriften wie *Der griechische Staat* gruppiert – eine Apotheose des Krieges und der Sklavenherrschaft, der angeblich notwendigen Unterdrückung der Schwachen, des Pöbels, durch die Überlebensstarken; aber diese Schrift läßt sich natürlich auch als eine lesen, die nicht beim Wort genommen sein will, sondern Verfallssymptome der »Modernisierung« studieren möchte, indem sie (gemäß der Devise, die Übertreibung sei die Wahrheit) ein radikal »antimodernes« Gesellschaftsmodell zum Idealbild stilisiert – obwohl Nietzsche keineswegs mit einer Restauration hellenistischer Lebens- und Geisteshaltung, in welch neuzeitlicher »Adaptierung« immer, liebäugelte. Oder Wittgenstein: nach Karl Popper ein potenziert-dogmatischer Irrationalist, denn – so die Anklage gegen den *Tractatus*-Denker – derselbe, der eingangs behauptet, die Wahrheit seiner Gedanken sei »unantastbar und definitiv«, behauptet am Schluß: »Meine Sätze erläutern dadurch, daß sie der, welcher mich versteht, am Ende als unsinnig erkennt, wenn er durch sie – auf ihnen – über sie hinausgestiegen ist«; aber diese Zeilen lassen sich natürlich auch lesen als das Einbekenntnis einer Geistesnot, die darin gipfelt, das, wohin kein Erfahrungszweifel mehr reicht – das Mystische –, sinnvoll nicht mehr aussagen zu können (deshalb Wittgensteins Esoterikvorbehalt, vielleicht nur jener werde den *Tractatus* »verstehen, der die Gedanken, die darin ausgedrückt sind – oder doch ähnliche Gedanken – schon selbst einmal gedacht hat«). Oder Heidegger: heute mehr denn je bemächtigt sich seines Werkes eine Lesart, die ihm eine totalitäre, gar kryptonazistische Gesinnung attestiert; aber man kann den deutschtümelnden Volk-, Führer- und Heimat-Komplex, der Heideggers Schriften in vielen Begriffsmasken durchzieht, auch entschüsseln als verzweifelt phantasmagorische Daseinsutopie, welche, unter teilweise unseliger Affirmation eines Vokabulars des Unmenschen, der sogenannten humanistischen Welt den Spiegel ihrer Entfremdung vom Wahren, Guten und Schönen vorhalten möchte – einer Entfremdung, die so tief reicht, daß ihr keine zeitgemäß humanistische Rhetorik, keine liberale, aufklärungsbeflissene, demokratische Sicht mehr gerecht zu werden vermag, sondern einzig deren historisch wie immer belastetes Komplement.

Nun, man kann auch Handke bösartig lesen. Und dies nicht bloß aus Gründen seiner Vielschichtigkeit. Spätestens in Handkes dramatischem Gedicht *Über die Dörfer* (1981) glaube ich eine Schreibhaltung zu erkennen, deren Charakteristikum darin besteht, all die Häme, die über das im Entstehen begriffene Werk nach dessen Publikation kübelweise abgelassen werden wird, in einer Art trotzigen Vorwegnahme zu *provozieren*. Wieder wird es heißen, hier habe ein zwanghafter Weltverschönerer jeden Blick für die Tatsachen verloren; wieder wird es heißen, ein einst respektabler Erneuerer der Literatur, ihres Wahrheits- und Gerechtigkeitswillens, habe sich dem Seligkeitsidiotentum verschrieben; wieder wird ein bigottes »Leider, leider« die Feuilleton-Kanaille beflügeln, und vielerorts wird der Kritikerauswurf unter dem Motto stehen: Wer den Sturm der Weltgesundbeterei sät, der soll gefälligst das Feuer der Realitätssiegelbewahrer ernten!

Ich stelle mir also P. H. vor, wie er, der schon als »Heino der Metaphysik« Verspottete und darob nur umso Weltzuversichtsingrimmigere, sich den Tatsachenwustmenschen ins Messer schreibt: wie er, im Hinblick auf die ihm bevorstehende Anprangerung und Demütigung und Abschlachtung, den Großformatschmierern, deren Wesenlos-Sprache ihn anmutet als das Gescharre von Krebsscheren, die Exekutionsgründe buchstäblich um die Ohren schlägt; wie er das »Gewicht der Welt« zum Schwebtraum der Erlösung ätherisiert, worin sie, die verhaßten Kaltblütler des Seins, nun ihr Verwüstungswerk anrichten werden. Also nur zu!

Wäre Handkes Spiel wirklich das, was zu sein, wenn auch mit Fragezeichen versehen, es am Umschlagtext vorgibt: »Ein Lustspiel? Ein Traumspiel? Ein Singspiel? Ein Expeditionsbericht? Eine Live-Reportage? Eine Hintertreppen-Geschichte? – Am Ende doch noch einmal ein Drama?«, dann hätte dieses Spiel all die »Dekonstruktionen« der Moderne in sich aufgenommen, welche dazu führten, die Frage nach dem rechten

Fragen als witzlos, weil prinzipiell ohne Lösung erscheinen zu lassen.

Statt dessen müssen wir feststellen, daß Handke uns weder mit einem Lustspiel unterhält noch uns durch ein Traumspiel verzaubert noch, Gott sei's gedankt, uns ein Singspiel bereitet, sondern sich mit dem zeitweiligen Tönen des tiefsten aller möglichen Töne begnügt, das tatsächlich anhören zu müssen immerhin dem Leser des *Spiels vom Fragen* erspart bleibt.

Nicht freilich bleibt dem Leser erspart, aus dem wortreichen Munde lauter menschlicher Leerstellen, die keine Namen haben (auch die Figur des Parzival hat, man lasse sich nicht täuschen, keinen), mit einer Philosophie bemüht zu werden, deren Grundfeste wir schon kennen: Fragen über Fragen. Bis einem die Lust am Fragen vergeht, die Lust, die man laut Handkes Feldherrn Numero eins, »unserem ersten Shogun vor einhundertfünfzig Jahren« (Tratschke fragt: Wer war's?), ohnedies niemals hatte: »Die ungeheuerlichste Kultur, die sich der Mensch geben kann, ist die Überzeugung, daß die andern nicht nach ihm fragen.« Das tut weh, aber nicht wirklich, denn es *gibt* ja Fragwürdiges, und dieses ist glücklicherweise so beschaffen, daß es, laut Handkes ungenannt bleibendem Feldherrn Numero zwei, uns tagsüber nicht zu bekümmern braucht, weil – wir haben's schon vernommen –: »Alles Fragwürdige wird am besten des Nachts herausgefunden«, weiß der Teufel, warum. Dazu paßt die Lehre des Feldherrn-Anonymus Numero drei, wonach wir unsere Heimat nie erfragen werden, sofern uns nicht ein Traum von ihr genügt – auch wenn einem nicht in den Sinn will, weshalb das, was offenkundig ist, erst erfragt werden muß, und zwar, Rätsel über Rätsel, im fraglosen Modus des Habens eines Traums: Meine Heimat ist, bitteschön – ich halte es wie Stephen Dedalus auf dem Vorsatzblatt seines Geographiebuches –, Graz, Land Steiermark, Österreich, Europa, Welt, Universum. Und gleich dem Fleming, Kumpan des Dedalus-Joyce, könnte mir Handke aus

purem weisem Jux reimen (dann hätte ich eine ewige Heimat –
die Bibliothek Suhrkamp!):

Peter Strasser bin ich benannt,
Österreich ist mein Vaterland;
In Graz tu ich wohnen,
Gott möge mich mit dem Himmel belohnen.

Das wäre auch ein *Gedicht an die Dauer*, indes, Jux darf nicht
sein. Denn es geht ja um das rechte Fragen: eine hochnotpein-
lich ernste Angelegenheit, an der allerdings verstimmt, daß
man sie zum guten Ende erst bringt, indem man verstummt:
»Die Lösung des Problems des Fragens erkennst du am Verschwinden dieses Problems.« Ist schon verschwunden, war
niemals eines. Da hat man doch Lust und Recht zu kalauern:
»Warum? Warum? Warum?« – war ich zu fragen nur so
dumm? »Und du? Und du? Und du?« Na eben.
   Die spezifische Differenz zwischen Handkes Selbstaufhebung des Fragespiels und Wittgensteins Selbstaufhebung der
philosophischen Fragedynamik liegt darin, daß letztere in einem *tragischen* Bewußtsein der Unaussprechbarkeit des Wesentlichen – des Sinns des Lebens und der Welt – gipfelt, während Handke ebendies unausrottbar Tragische des Willens zur
»Beheimatung« *euphorisiert*: Die Sinn-Not, die zur condition
humaine, zumal der modernen, gehört, wird als Erfüllung des
Sinn-Begehrens raunend ausgestellt. Im Stand des Fragens, da
wir, die notorischen Fragezeichen vor dem objektiv sinnlosen
Weltrund, uns wunderbarerweise ins Ganz-Frage-Sein hinein-
gefragt haben, herrscht kraft Handkes Dekret paradiesische
Harmonie, so daß selbst noch die scheue Eidechse sich uns
zutrauensvoll nähert, ja demonstrativ sitzenbleibt und höchstens einmal leichthin zuckt, wenn ihr ein Ameislein übers
Äuglein läuft. Lieb, gelt? – Eine glatte metaphysische Falsch-
münzerei …

Ich muß gestehen, mir macht meine Lustigkeit keinen Spaß. Obwohl ich immerfort so weitermachen könnte; zwar ohne Gefühl für die Notwendigkeit dessen, was ich mache, aber immerhin immer so fort. Wahrscheinlich tauge ich – das haben mir leitende Herren bestätigt – tatsächlich nicht fürs Feuilleton. Ich komme zu leicht ins Grübeln.

Also das Ganze noch einmal, nur anders. Nur weniger witzig und aberwitzig; kurz: um Verstehen bemüht – ein Verstehen, von dem ich nicht weiß, ob's das überhaupt gibt.

Zur Philosophie des Unter-Gangs

Im Essay *Der andere Balken des Andreaskreuzes* habe ich klarzumachen versucht, daß man Handke, will man ihm gerecht werden, sozusagen doppeldeutig lesen muß: Was uns im Reigen der Erzählungen an Gnaden- und Erlösungsszenarios plakativ offeriert wird, hat stets einen eisigen Unterstrom, der kenntlich macht, daß die große Versöhnung zwischen Mensch und Welt, Mensch und Mensch heute nur noch um den Preis einer extremen Isolierung des »begnadeten« Individuums zu haben ist (war sie jemals anders zu haben?). Das Leben im Zustand des Ganz-Frage-Seins ist ein mystisch stigmatisiertes: man trägt das Mal dessen, der, weil er mit Allem ins reine gekommen ist, mit Keinem – außer Gott, dem abwesenden – mehr etwas zu tun hat. Die Gnadenmaschine Handkes, so sagte ich, arbeitet nicht weniger furchtbar als diejenige Kafkas, nur hat sie in Handke einen Künder gefunden, der die Strafkolonie zeichnet, als sei sie das Paradies. Und ebendies erschüttert. Denn hier wird nicht einfach gemogelt. Vielmehr *zeigt* sich an Handkes Heldinnen und Helden, daß wir kein Bild vom Paradies mehr glaubhaft zu entwerfen imstande sind, welches nicht vexierbildartig die Hölle schon wieder in sich trüge.

Ich sagte keineswegs: Dies zu zeigen, sei Handkes Absicht.

Er will uns schon zeigen, was seine Kritiker argwöhnen, daß, nämlich, in manchen Momenten des Lebens, der Himmel möglich und wirklich ist. Aber *wie* ihm dieses Zeigenwollen, gegen den Strich der hymnischen Intention, *mißlingt* – darin gründet, so sagte ich, seine Größe nicht zuletzt. Deshalb sprach ich von einem »Gelingen-im-Mißlingen«.

Zuviel der Dialektik; das konnte nicht gutgehen. Während – so stand's im Feuilleton – Handkes Prosa bisweilen immerhin der Charme des Kinderblicks eigne, werde sie im wahren Sinne des Wortes degoutant erst durch Adjutantentexte wie dem meinen. Ein solches Urteil ist aufschlußreicher, als seinem Autor vermutlich lieb wäre. Denn erstens bestätigt es auf eine geradezu haarsträubend-naive Weise jene Macht der »Kritik« über den Text, die ich vorhin analysierte. Zweitens aber fällt es, damit zusammenhängend, glattweg auf ein Stilisierungsphänomen – den »Kinderblick« – herein, dessen künstlerische Dignität sich erst aus der Abwehr dessen ergibt, was der »Kritiker« und seine Diskursmodalität repräsentieren: die Welt der Zu-Tode-Erwachsenen; der Überernüchterten, der Bildungs-Zyniker und Realitäts-Tümler, welche Handke in seiner *Kindergeschichte* als die Sinnlosen Existenzen abkanzelt – »fern von der Schöpfung, schon lange tot, machten sie so gesund wie böse weiter, hinterließen nichts, woran man sich halten konnte, und taugten nur noch für den Krieg«.

Dann kam Michael Scharang nach Graz, um hierorts eine Poetik-Vorlesung zu halten. Dabei machte er sich – was am Ort des Forums Stadtpark fast selbstverständlich ist – nicht nur über Handke her, sondern auch über meinen Handke-Essay. Es ging da wohl, unbeschadet aller hierorts herrschenden Schreibdifferenzen, um nicht weniger als um eine Gesamtabrechnung mit dem Erzgegner »literarischer Idealismus«, als dessen reaktionärer Prototyp Handkes konterrevolutionäres Schrifttum zu fungieren hat und dessen jämmerliche Apologeten – beispielsweise meine Wenigkeit – schonungslos zu geißeln sind. Nun wäre dieser Krieg der Frösche, in dem ich bloß die Rolle einer stummen Beschußattrappe spielte, kaum der Erwähnung wert, wenn die *Charly Traktor*-Philosophie des Unentwegt-Marxisten und Widerspiegelungsrealisten Scharang nicht ein Grundlagenproblem des literarischen Erkenntnisvorganges offenbarte.

Forciert realistische Schreibweisen, die einer gesellschaftskritischen Sicht der schlechten Dinge huldigen, operieren zwangsläufig *moralistisch* – womit ich folgendes meine: sie geben vor, bloß zu beschreiben, »wie es sich wirklich verhält«; aber wie es sich wirklich verhält, das wird am Gängelband vorgelagerter Werthaltungen *entschieden,* die ihre Wahrheit durch geeignete Selektion und Perspektivierung der Tatsachen *zirkulär* »unter Beweis stellen«. Das Sein, das dem Sollen seine kritischen Gründe liefern soll, wird im Sinne der Kritik zurechtgeschrieben, so daß dieser ihr Recht aus den Realitäten scheinhaft von selber zuwächst. Nun könnte man fragen, wie es angesichts der unausschöpfbaren Fülle dessen, was ist, denn anders sein könnte. Selektion und Perspektivierung sind doch notwendige Bestandteile jedweder Wirklichkeitserkenntnis; der Versuch, einen beliebigen Weltausschnitt *vollständig* zu beschreiben, ist ja ein im Ansatz unmögliches Unternehmen. Gewiß. Aber darum geht es im vorliegenden Fall überhaupt nicht! Vielmehr geht es darum, daß der Realismus in der engagierten Literatur einer Ontologie das Wort redet, derzufolge die Tatsachen etwas Objektives sind, worüber ohne Rückgriff auf Wertungen befunden werden kann, während das moralische Urteil etwas Subjektives, vorzüglich an eine gesellschaftliche Klasse Gebundenes, repräsentiert. Die Ethik der Kapitalisten ist eben nicht die jener, die ihre Arbeitskraft zu Markte tragen müssen. Wie freilich läßt sich dann aufgrund der Erkenntnis dessen, was ist, über die Richtigkeit einer – sagen wir – marxistischen Moral entscheiden? Der Hiatus zwischen Tatsache und Wert erscheint im Rahmen der realistischen Ontologie als unüberwindlich. Und *deshalb* verfällt in diesem Rahmen jedwede Wertung der *Beliebigkeit* – einer

Beliebigkeit, die durch das Mogelspiel der zirkulären Wertausrichtung dessen, was ist, *kaschiert* werden soll. Derart entsteht der Krypto-Moralismus aller *Charly Traktor*-Literatur.

Und nicht nur jener Art von Literatur. Einer der gewichtigsten Aspekte der neuzeitlichen Entfremdung zwischen Mensch und Welt besteht – wie man weiß – im zwingenden Bewußtsein der Inkommensurabilität von Sein und Sollen und dem damit einhergehenden »Sinnverlust«. Seither schwankt auch die Literatur zwischen einer Hypertrophierung des Subjekts: als ob dessen Sicht der Dinge den Dingen ihr Sein vorschreiben könnte!, und einer Randständigkeitsperspektive, aus der heraus das Subjekt zur winzigen Reaktionsagentur schrumpft, die, nach jeweiliger Empfindlichkeitslage, das Fluten der Weltmaterien chaotisch, paranoisch oder gedämpft-minimalistisch, jedenfalls synthese- und heimatlos registriert, formt und deformiert. So entsteht der Schwundstufenmoralismus des Nervendiktats, der blanken Idiosynkrasie.

Dagegen hält Handke seit langem schon die Widerstandsphänomene BLICK und SCHAUEN. Im *Spiel vom Fragen* gibt es ein großes Streitgespräch zwischen dem Mauerschauer und dem Spielverderber. Was der eine *schön*sieht, sieht der andere *schlecht*.

»Dort am Strand die zwei spielenden Hunde. Und wie schön können Hunde spielen, so schau doch, wie wahrschön! Da hast du deinen Tanz. Im Kreis und zugleich immer weiter, und um die Erde. Schau, der eine jetzt die Pfote auf dem Kopf des andern, und jetzt paarweise wieder weiter, im Rauchlicht der Brandung, von Klippe zu Klippe tänzelnd. Verkörpern sie denn nicht alle Daseinslust auf der Erde?«

»Ich sehe nur ein Gehetztsein. Zwei Herumstreicher. Überall verjagt. Verwahrlost vom Alleinsein. Und wenn ihre Spielzeit vorbei ist, in den Augen statt der Daseinslust alle *Traurigkeit* auf der Erde. *Das* dort sind unsere Ebenbilder, mit Schlappohren statt Lauschern!«

Und so weiter, und so fort. Schließlich die Frage des Spielverderbers: »Du und dein Schönes. Wird man von solcherart Schauen nicht dumm?« Dagegen hält der Mauerschauer: »Ja. Aber gesund dumm. Entwaffnend dumm. Zwischendurch war ich einmal klug, geradezu krank vor Klugheit und Wissen, aber durch mein Schauen bin ich wieder so dumm, begriffsstutzig und sorglos geworden wie als Kind.« Das ist nun eine kleine listige, indes auch die entscheidende Lüge, die Handke inszeniert: »sorglos geworden wie als Kind«. Denn so, wie Greiner im Streitfall *Die letzte Versuchung Christi* Jens versteht – verstünde er ihn nicht, hätte er seine Verteidigung Scorseses anders geschrieben, nämlich, in seiner spezifischen Justierung des Lobs, Jensens Kritik nicht vorwegnehmend –, versteht der Mauerschauer natürlich den Spielverderber. Jener ist weder sorglos noch dumm wie ein Kind; er berichtet seinem Kontrahenten nicht einfach, was er, der »Schauer«, sieht, sondern liefert eher plakative Schau-Stücke, um diese als Spielmarken dem »Schauverderber« auszuliefern. Wir sind hier dem Quatschreich der »Kritik« sehr nahe; die beiden Debattanten führen sich ein bißchen auf, als wären sie im Feuilleton. Während der Mauerschauer die Rolle des im Schauen naiv von der Schönheit Überwältigten spielt, verdirbt der Spielverderber die seligen Bilder, die gleich Inseln im Weltgrauen erglänzen, indem er sie an die Kette der Erscheinungen, der Kausalitäten und Zeiten legt, wohl wissend, daß er selber nur spielt (Mauerschauer und Spielverderber wechseln ja auch, ihre »Uneigentlichkeit« demonstrierend, einmal die Rollen).

»Aber siehst du nicht wenigstens, wie vor dem Grau all der Baumstämme die Köpfe der Vorbeigehenden erst eine Gestalt annehmen? Wie das Licht dieses klaren vielfältigen Grau den Passanten erst die Gesichter zeichnet?«

»Ich sehe an den Stämmen nur die Einschußlöcher, und das klare vielfältige Grau als Gehirnspritzer der davor Erschossenen.«

Und so fort. Man hat den Eindruck, der Mauerschauer legt

dem Spielverderber nahe, was man im Blick *hätte,* falls es tatsächlich zum Schauen *käme* – falls es dazu käme, wonach einen verlangt, man aber nicht willentlich streben kann: »Ich *will* ja nicht schauen, es *kommt* zum *Schauen.*« Und der Spielverderber macht das Spiel mit, indem er so tut, als ob er dort, wo der eine sieht, wie vor dem Grau der Baumstämme die Köpfe der Vorbeigehenden Gestalt annehmen, bloß Einschußlöcher wahrnähme, und das vielfältige Rindengrau bloß als Gehirnspritzer der im Krieg an den Bäumen Erschossenen. Beide sehen nicht wirklich, was zu sehen sie vorgeben, denn beide sind im Grunde *ein* Subjekt, dessen Wahrnehmungen zugleich Himmel *und* Hölle in sich tragen!

Derart erscheint Handkes Lehre vom Schauen als eine *Philosophie des Als-ob.* Ein Seligkeitsidiotentum findet nicht statt. Hingegen wird, im Widerstand gegen alle Tatsachen, auf der mystischen Möglichkeit eines Blicks beharrt, der den Menschen zur Welt in eine Position der Versöhnung rückte: als ob die Schädelstätte noch eine Antwort bereithielte, kraft welcher sich die Hölle als Vorschein des Himmels erwiese; und welche uns, die im Schönwahren »Wesenden«, dann fraglos wissen ließe, was wir tun sollen.

In seinen *Beiträgen zur Philosophie (Vom Ereignis),* deren Ursprünge auf das Jahr 1936 zurückgehen und die seit 1989 publiziert vorliegen, schrieb Martin Heidegger:

»Die Unter-gehenden sind immer die Fragenden. Die Unruhe des Fragens ist keine leere Unsicherheit, sondern die Eröffnung und Hegung jener Ruhe, die als Sammlung auf das Fragwürdigste (das Ereignis) die einfache Innigkeit des Zurufs erharrt und den äußersten Ingrimm der Seinsverlassenheit besteht.«

Dieses Zitat läßt sich als eine verblüffend genaue Charakterisierung der Gestalten in Handkes *Spiel* lesen. Untergehende sind sie allesamt, weil sie im Äon der Seinsverlassenheit umgehen: Die Götter sind gestürzt, ein den Menschen in der Welt »kontrafaktisch« beheimatendes Kosmosvertrauen existiert nicht mehr – falls es je existierte –, das Gute, Wahre und Schöne sind auseinandergebrochen, die Tatsachen weisen nicht mehr über sich hinaus, die Welt des Scheins ist zur Welt des Seins geworden – eines immerfort falschen Seins, das als das Ganze erscheint und so dem Menschen zum Daseinsgefängnis wird, in dem er sich einzurichten sucht und dabei notwendig falsch einrichtet. Er will sich erlösen, aber am untauglichen Ort: am Ort der reinen Immanenz, wo angesichts der Tatsachen, die allem Erlösungsverlangen inkommensurabel gegenüberstehen, dieses Verlangen in aggressivem Moralismus terminiert: Das Ganze ist das Schlechte, und das Schlechte – ist schon das Ganze; das Gute hingegen verkörpert sich bloß noch in elenden Zuständen rein subjektiven Stellungnehmens, dessen aktivistische Varianten zwar einen praktischen Ausweg suchen, einen technischen, einen politischen, dabei aber im Bannkreis der Immanenz, des schlechten Ganzen, gefangen bleiben.

Im Untergang zu existieren heißt allerdings gerade nicht, den Bann zu besiegeln dadurch, daß man, seiner Gesetzmäßigkeit entsprechend, gegen ihn im Namen einer sogenannt autonomen Subjektivität ankämpft. Im Untergang zu existieren heißt unter-gehen; heißt, den Bann gleichsam zu unterwandern dadurch, daß man in der Unruhe eines Fragens ausharrt, welches sich selber als ein Fragen-im-Unrechten *erfährt* und so dem »Ingrimm der Seinsverlassenheit« Widerstand leistet, indem es sich, sich auf das Fragwürdigste hinsammelnd, vor dem *besinnungslos* unrechten Antworten hütet. Und gemessen an der noch ausstehenden »Innigkeit des Seins-Zurufs« sind zur Zeit *alle* Antworten unrecht – die des Spielverderbers ebenso wie die des Mauerschauers, wie auch die der anderen. In der Un-Welt sind alle Antworten, recht bedacht, Als-ob-Antworten, und alle Fragen dienen der Vergegenwärtigung dieses Als-ob.

Was bedeutet dies? Ich gestehe, es nicht akkurat und nicht einmal ungefähr sagen zu können. Denn worum es hier geht, sind letztlich *intime* Umgangsformen mit dem »Seienden« – Umgangsformen, die die einen bloß zum Lachen finden, und die anderen als das Wichtigste im Hexenkessel ihrer Lebensnot. Gewiß ist, daß wir Genossen eines Zeitalters sind, die (daraus vermag uns kein soziologischer Metadiskurs zu erretten) einerseits zusehends auf eine Allerwelts-Sprache getrimmt werden, welche jeden Ausbruchsversuch aus dem Gehäuse der Immanenz augenblicks an diese rückbindet: Jeder mystische Impuls flackert unterdessen nur noch auf, um kulturindustriell verwaltet zu werden – oder beim tödlichen Amoklauf, der terroristischen Kulturverweigerung zu enden, die den »Konsens« sprengt, bloß um die Gewalt des totalen Schweigens zu mobilisieren. (Yukio Mishimas Selbstentleibung ist wohl das spektakulärste Beispiel der letzten Jahre.) Andererseits sind wir Zeitgenossen einer babylonischen Sprachenverwirrung, so daß es als unsinnig erscheint, den anderen, »dessen Sprache du nicht verstehst«, verstehen zu wollen. Wer modisch denkt, denkt heute anti-hermeneutisch; und folglich mehren sich die Propagandisten einer Lehre, deren Grundsatz lautet, im Verstehen stecke der Teufel. Daß die postmodernen Vordenker der Zeit nicht mehr verstanden sein wollen, darin darf man die Euphorisierung eines unüberwindlichen Mangels erblicken – das Unglück soll uns als Glücksfall begegnen –: eines Mangels, der in der Intimisierung von Sprachgesten besteht, die, wie etwa die große heideggersche, sich objektiv gebärden, obwohl sie einer bereits unkommunizierbaren Innerlichkeit entstammen. Denn diese allein ist es, die dem Subjekt noch einen authentischen, dem Entfremdungsgetriebe der Immanenz enthobenen Weltbezug erlaubt, freilich um den Preis einer zusehends weltlosen und esoterischen Begrifflichkeit.

Authentisches Sprechen, welches allein den einzelnen in die rechte Lage zur Welt versetzt, nimmt den Charakter eines Privatsprachenspiels an, das – wie schon bei Heidegger – paradoxerweise als von aller Privatheit befreit erscheint. Denn die sogenannte Privatheit ist im Zeitalter des Individualismus und der Selbstverwirklichung zu einem durch die öffentliche Sprache, die Diskursmaschine der Psychologie, der Soziologie, vollends vermittelten Phänomen geworden.

Die Figur des Parzival in Handkes *Spiel vom Fragen* verkörpert denn auch ein Reden, das – wie die »Echt super!«-Sprache unserer Tage – aus lauter Satzhülsen besteht, deren »Du weißt schon, was ich meine«-Gepräge Verständigung ausschließt. Alles Bemühen, sich mitzuteilen, ist im Ansatz bereits mit einer Phrase des Kommunikations-Zeitalters kurzgeschlossen; deshalb erscheint Mitteilung als a priori unmöglich. Parzival ist im Reden immer zu weit draußen in der Welt nichtssagender Gemeinplätze, als daß er jemals sprechend zu sich selber finden und den anderen davon Kunde geben könnte.

EINHEIMISCHER *tritt zu ihm:* »Wind«.
PARZIVAL
»Wer Wind sät, wird Sturm ernten.«
EINHEIMISCHER »Himmel«.
PARZIVAL
»Der bestirnte Himmel über mir, und …«
EINHEIMISCHER »Schirm«.
PARZIVAL
»Unter einem Regenschirm am Abend …«
EINHEIMISCHER »Ding«.
PARZIVAL
springt auf, in Angriffsstellung: »Es gibt Dinge zwischen Himmel und Erde, von denen …«
EINHEIMISCHER »Gastgeber«.
PARZIVAL
den Einheimischen anfallend: »Für Getränke sorgen die Gastgeber.«

Schließlich aber – der Einheimische spricht abermals das Wort »Wind« –

PARZIVAL
als bilde sich nun bei ihm mit dem Wort zugleich auch die Sache:
»Wind«.
EINHEIMISCHER »Himmel«.
PARZIVAL
als sei ihm nun das Wort selbst das Ding: »Himmel«.
EINHEIMISCHER »Staub«.
PARZIVAL
läßt nun mit dem Wort seinen Gegenstand aufleben: »Staub«.
EINHEIMISCHER »Wasser«.
PARZIVAL
blickt sich nun mit dem Wort um nach dem Ding: »Wasser«.

Worauf Handke hier abzielt, ist die altehrwürdige Vorstellung, es gäbe einen *unmittelbaren* Rapport zwischen dem Drinnen und Draußen, zwischen dem Erleben des Subjekts und der Welt. Man wird dieser Lösung mißtrauen müssen. Warum, das zeigt sich – Gelingen-im-Mißlingen – durch Handkes Handhabung des Vorganges hindurch: Die Individuierung des armen Parzival kann nicht statthaben, weil er nur die Wahl hat zwischen einer Zitier-Sprache, die niemals etwas aussagt, dabei aber gleichsam im Schlafe Bekanntes mitteilt – einer Allerweltssprache ohne Welt –, und einer Art des Redens, die bloß noch eine privatsprachliche Anrufung der Dinge ist, ohne den im Anruf aufblitzenden Weltbezug aus der unaussprechbaren Intimitätszone reiner Subjektivität herausheben und an das Universum der Kommunikation anbinden zu können. In beiden Fällen versteht Parzival sich selber nicht, wie er auch den anderen unverständlich bleiben muß, denn die Dialektik der Vermittlung zwischen Allgemeinem und Besonderem, zwischen Begriff, Ding und Erfahrung, zwischen öffentlich und privat ist zerstört. »Als sei ihm nun das Wort selbst das Ding«; »als bilde sich nun bei ihm mit dem Wort zugleich auch die Sache«: das heißt aber, Verständigung, die es nicht mehr gibt, wird mit untauglichen Mitteln emphatisch *simuliert*.

Unter solchen Bedingungen degeneriert Handkes fragendes Schauen zu einer hilflosen Verständigungsgebärde, die fälschlicherweise meint, von aller Privatheit befreit und allgemein zu sein. Welcher Blick ist denn der richtige, wenn alle Blicke das Mal des Falschen – der Entfremdung oder des Innerlichkeitskollapses – tragen? Antwort: Keiner! Was als einziges Befriedungsmittel bleibt, ist das *Bewußtsein*, daß es so ist und nicht anders; ist das Bewußtsein, daß im Zustand des Ganz-Frage-Seins die Eidechse zu unseren Füßen sitzenbleiben würde, »einmal kurz zuckend, wenn ihr eine Ameise über das Auge läuft«: ist das Bewußtsein des Noch-nicht *und* unserer Unfähigkeit, dieses Noch-nicht schauend zu überwinden.

Erkennt der geneigte Leser jetzt, warum meine bösartige Lesart des *Spiels vom Fragen* tatsächlich bösartig war, obwohl doch eine mögliche und naheliegende Lesart? »Die Lösung des Problems des Fragens erkennst du am Verschwinden dieses Problems.« Ist es denn verschwunden? Wenn ja, dann gnade uns Gott. Wir alle wären dann Charly Traktor oder ähnliche Ausgeburten der heideggerschen Seinsverlassenheit, von der wir, zugegebenermaßen, nicht genau wissen, was sie bedeutet. Unsere Existenz reduzierte sich auf ein reines, transzendenzloses So-ist-es, gereinigt von der wie immer auch hilflosen Fluchtperspektive eines phantastischen Als-ob. Die Hölle wäre die Hölle, und kein Himmel wäre ihr mehr, als der Vorschein einer unaussprechbaren Errettung, eingeschrieben.

II
DIE LÖSUNG DES PROBLEMS DES LIEBENS ERKENNST DU AM VERSCHWINDEN DIESES PROBLEMS

(Dem nachstehenden Text, der einen vielleicht ungebührlichen, ja ärgerlichen Bruch zum Vorangehenden darstellt, liegt ein Referat zugrunde, welches ich, Teilnehmer der Grazer Ringvorlesung »Sexualität«, im Sommersemester 1989 hielt. Es war die Zeit meiner Lektüre des *Spiels vom Fragen*. Zu den Liebenden, die bei Handke auftreten, fiel mir eigentlich nichts ein; aber ich merkte, daß der fremde, befremdende Text dennoch meine Gedanken »affizierte«. Dies stärkte mich in der Überzeugung, Verstehen funktioniere keineswegs immer so, wie die klassische Hermeneutik nahelegt: als ein Entschlüsseln der Botschaft, die ein anderer aussendet, sondern umwegig: als *Hintergrundresonanz*, die der primär unverstandene Einbruch des Anderen im eigenen Räsoniergetriebe hervorruft. Und haben wir es hier nicht mit einer Spielart der multiplen Verstehens-Sklerose zu tun, die unsere Situation unter der Bedingung innerlichkeitszentrierter Sprachspiele charakterisiert? Deshalb die Zumutung, das Nachstehende als »Kommentar« zu lesen. Der Autor, diesesfalls Handke, wird zur Interlinearversion des Interpreten: das mag ungebührlich, ja ärgerlich scheinen, indes, wie ich meine, auch als ein beachtenswertes Symptom unserer verstehenswütigen, dabei chronisch mißverständigen Beziehungslage einsehbar werden. – Also, ein Gruß an P. H. aus der Ferne und ein Dank für das »sonore« Störgeräusch, welches, hoffentlich, das Denkleben des armen P. S., der nicht begriff, um eine Schwingung bereicherte im Dialog der Monaden, die sich Zeitgenossen nennen.)

Ein Spiel vom Fragen – was wäre es ohne das Spiel der Liebenden, die einander fragend suchen, scheinhaft finden, einander suchend verfehlen? Was wäre es ohne jenes Allzunah, Allzufern, das seit der Romantik ein Grundzug abendländischer Erotik geworden ist? Im *Spiel vom Fragen* hat Handke seinen Figuren des Schauspielers und der Schauspielerin diesen Part zugewiesen. Die Lehre, die sie uns geben sollen, führt wohl kaum über das bisher Gesagte hinaus; dennoch will sie bedacht sein. Denn zwischen den beiden geht es nicht um das rechte Fragen schlechthin, sondern um das rechte Erfragen der Fremdheit, die die Geschlechter heute trennt.

Im folgenden dreht sich der Spieß um: Nicht ich liefere einen Kommentar zu Handkes dramatis personae, vielmehr treten sie, zusammen mit anderen zeittypischen Stimmen, als frag-würdige Einspruchsinstanzen auf, aber auch als traumwandlerische Weggefährten meiner eigenen fragwürdigen Sicht der Dinge. Freilich, eine Reise ins sonore Land wird dabei nicht stattfinden. Denn das rechte Erfragen der Fremdheit zwischen Mann und Frau ist, so denke ich, mittlerweile keine Angelegenheit zwischen Mann und Frau mehr. Beide sind einander in einem zu nah und zu fern, als daß sie ihre ureigenste Angelegenheit zu der ihren machen könnten. »Hilf mir zu lieben«, fordert der Schauspieler, und die Schauspielerin erwidert: »Dann führ mich heim«; darauf er: »Wo ist das?« *Die Bühne verdunkelt sich.*

Eine Frage, keine Antwort. Und in der Tat: Zu einer Antwort, die sich nicht aussprechen läßt, kann auch die Frage nicht formuliert werden. Handkes *Spiel vom Fragen*, wie angestrengt es sich geben mag, läuft leer, wo die Grundlagen des Fragens schon zerstört sind. Und die Fragen, die dann noch bleiben, müssen *von außen* gestellt werden: Das ist der Augenblick einer Aufklärung, die sich aus dem Allzunah, Allzufern der Geschlechter herauswindet, indem sie nach einem externen Verstehen der internen Verstehensnotdurft strebt. In Handkes Vision eines menschenwürdigen Umgangs der Menschen miteinander muß ein derartiges Procedere als abwegig, weil verdinglichend erscheinen. Aber hier irrt der Dichter. Die Poiesis des Fragens, die keinen Halt mehr findet in einem sympathetischen Vorlauf der Geschlechter – einem »Verstehens-Apriori« –, hat ihre Chance einzig darin, nach den Bedingungen ihrer Unmöglichkeit gefragt zu werden.

Die, auf Begegnung aus, begegnungsunfähig im Dunkeln treiben – was bleibt ihnen, als in einem fremden Licht, dem des kalten analytischen Rückbezugs auf eine unverstandene Störung, ihr Blind-, ihr Nachtspiel, ihre Tragödie der Uneigentlichkeit zu bedenken? Mag sein, sie werden sich dereinst, nachdem sie gleichsam über sich hinausgestiegen sind, am Ort ihres

Aufbruchs wiederfinden – als Verwandelte, die einander fragen können …

Daß Sexualität die natürlichste Sache von der Welt sei – natürlich wie Hunger und Durst –, ist eine jener Redeweisen, die weniger ein biologisches Faktum umschreiben, als vielmehr eine kulturelle Ideologie transportieren: die Geschlechterideologie der Moderne.

Glaubhaft soll ja nicht gemacht werden, die Menschheit bestehe seit jeher aus Männern und Frauen, die sich paarten, Kinder zeugten und derart zum Bestand der Gattung einen unerläßlichen Beitrag leisteten. Derlei ist zu offenkundig, als daß man es eigens betonen müßte. Natürlich wie Hunger und Durst sind auch die Folgen ihrer Stillegung: die organisch regelgerechte Entleerung des Körpers. Natürlich in diesem Sinne sind Defäkation und Exkrement. Dennoch gibt es keine Kultur, welche die Vorgänge und Produkte der körperlichen Ausscheidung nicht einem Kodex der Scham unterwürfe – einem Kodex also, dessen einsehbare oder gar demonstrative Verletzung Ekelgefühle, Abwehrimpulse, ja Akte der Bestrafung zur Folge hat. Daß Defäzieren die natürlichste Sache von der Welt ist, bedeutet keineswegs, es sei natürlich, sich dabei zu verhalten wie bei anderen kulturellen Aktivitäten, die weitestgehend schamlos, wenn auch nicht ungesittet verrichtet werden dürfen – wie beim Essen, Trinken oder Miteinanderreden.

Luis Buñuel hat diesen Tatbestand in einem seiner Filme hintergründig thematisiert. Er führt uns ein Grüppchen skurriler middle-class-Ständler vor Augen, die sich bei Tisch zum Plausch treffen und dabei die Hosen herunterlassen, die Röcke schürzen; denn die normierten Sitzgelegenheiten sind Abortmuscheln, die ihrer Benützung harren. Aber selbstverständlich müssen auch diese etepetete Konversierenden von Zeit zu Zeit austreten und das stille Örtchen aufsuchen – um die überaus schambesetzte Tätigkeit der Nahrungsaufnahme zu verrichten. Hintergründig ist die bildhaft-vordergründige Groteske Buñuels, weil sie listig offenbart, daß der Versuch, kulturell tiefverankerte Schamgebiete progressiv zu schleifen, zur Installierung triebverquerer Ersatzschamzonen führt.

Nur ganz Naiven oder durch Prüderie Behinderten mag der Zusammenhang, den ich soeben herstellte, als abwegig erscheinen – der Zusammenhang nämlich zwischen Sexualität und Defäkation. Daß den Geschlechtsorganen und ihren spezifischen Funktionen etwas grundlegend Unreines anhaftet, ist unserer Kultur über Jahrhunderte hinweg zu einer vertrauten und kaum diskutierbaren Evidenz geworden. Ob dafür ausschließlich die dem Christentum angelastete Sexualfeindschaft verantwortlich ist, mag hier dahingestellt bleiben. Gleichwohl wird man kaum bestreiten können, daß der klerikale Apparat auf die Verletzung sexueller Tabus lange Zeit fast ebenso unnachsichtig reagierte wie auf die Herabwürdigung sakraler Phänomene. Der ständig drohenden Entweihung, sei's der Fortpflanzungsorgane und ihrer Betätigung, sei's der heiligen Zeremonien und der dabei verwendeten Gerätschaften, mußte ständig gewehrt werden. Meine eigene fragmentarische Einschulung in das Gebiet der körperlichen Liebe stand immer noch unter der Drohung, ich sei im Begriff, das Todsündenterrain des – populär ausgedrückt – »Schweinischen« zu betreten. Dieses war das Unreine par excellence, und mit Händen ließ sich greifen, daß der, der dem Unreinen nicht unablässig Widerstand leistete, eine Kloakenexistenz führte.

SCHAUSPIELERIN Und dann?
SCHAUSPIELER
Dann geschah etwas Dreifaches, und jedes von den dreien zugleich: Es trieb mich, zu dir hin zu gehen, dich zu packen, dich mit mir davonzutragen und mit dir zusammen eine Spur von Blut und Sperma kreuz und quer durch den Kontinent zu ziehen, bis ans Ende der Zeiten, und zugleich wünschte ich, du mögest sofort und für immer von mir weggehen, damit ich al-

lein mit deinem Bild zurückbleiben könnte, und das dritte war, daß ich selbst auf der Stelle verschwinden wollte, wegrennen über die Hügel, von dir weg aufbrechen in die Gefahr, auf der Suche nicht gerade nach dem Gral oder Goldenen Vlies, aber diesen beiden doch Gleichwertigem, jahrelang so abwesend bleiben in fremden Ländern und mich erst, wenn ich dir dort ebenbürtig geworden wäre, mit dir an einem dritten Ort zu [*sic!*] vereinigen, als sei die Seligkeit nur zu erreichen auf solchen Umwegen.

Nun hatte die skizzierte Polarität – einerseits das Heilige, andererseits das Obszöne – für das moderne Verständnis von Sexualität tiefreichende Folgen. Weil nämlich sowohl das Begehren nach Erlösung als auch jenes nach Erotik zu Triebkräften stilisiert wurde, die im Grunde auf einen Erfüllungsort jenseits der Kultur, ja des überhaupt Sozialisierbaren drängten, konnten sie in eine irritierende Austauschbeziehung treten. Bevor ich diesen Punkt erläutere, möchte ich zur Illustration eine typische Stelle aus Georges Batailles berühmt-berüchtigtem *Obszönem Werk* zitieren (und ich schätze mich über alle Österreichbeschimpfungen hinweg glücklich, in einem Land zu leben, wo man derlei Stellen einer Öffentlichkeit zumuten darf, ohne mit Verfolgung oder gar Todesdrohung rechnen zu müssen). Die fragliche Passage entstammt der Erzählsammlung *Die Geschichte des Auges*, erstmals 1928 verlegt; Protagonisten des Grauens sind das Teufelsweib Simone, der sakrileggeile Pfaffe Don Aminado und, natürlich, ein englischer Libertin namens Sir Edmond:

»Die Demonstration war überzeugend. Simone bewaffnete sich mit dem Kelch, und ich nahm das Ziborium an mich: Don Aminado in seinem Armstuhl wurde von einem leichten Zittern geschüttelt. Simone versetzte ihm zunächst mit dem Fuß des Kelches einen heftigen Schlag über den Schädel, der ihn aus dem Gleichgewicht brachte und ihn vollends stumpf machte. Abermals begann sie an ihm zu saugen. Er gab ein schmähliches Röcheln von sich. Sie brachte ihn auf den Gipfel der Sinneswut, dann:

– Das ist nicht alles, sagte sie, er muß pissen.

Sie schlug ihm ein zweites Mal ins Gesicht.

Sie entblößte sich vor ihm, und ich erregte sie.

[...]

Geräuschvoll füllte Aminado den Kelch, den Simone ihm unter die Rute hielt, mit Urin.

Und nun trink, sagte Sir Edmond.

Der Elende trank in unreiner Ekstase.«

Selbstverständlich müssen nun auch noch die Hostien entweiht werden, ich erspare mir die degoutanten Details: aber da hier das Schlimmste gerade gut genug ist, kann es sich nur um ein Sakrileg unter reichlicher Abgabe von Samenflüssigkeit handeln. Es fällt auf, wie stereotyp uns heute – angesichts einer Vielzahl ähnlicher Erzeugnisse im Umkreis der schwarzen Romantik bis hin zum Surrealismus – das Obszönitätenkabinett Batailles anmutet. Geradezu peinlich klischeehaft wirkt unterdessen die blasphemische Dauererregung seiner Helden, deren manisches Bemühen, die Ruchlosigkeiten ins Unendliche zu steigern, wegen der engbegrenzten Anzahl geeigneter Perversionsobjekte tragikomische Züge annimmt.

Die Wurzel der manierierten Phantasie des Autors jedoch ist ein beachtenswertes Phänomen: die *Heiligung des Obszönen*. Was ist passiert? Zunächst Nietzsches Proklamation »Gott ist tot!« Dadurch wird ein breitflächiges Säkularisierungsgeschehen schrill gekennzeichnet. Gemeint ist das endgültige Absinken der religiösen Dimension ins bloß noch Geschichtliche; gemeint ist der Verlust eines alle sozialen und kulturellen Grenzen transzendierenden Erlösungsraumes, dann aber auch die Suche nach Ersatzräumen der Transzendenz. Der erwähnte Film Buñuels demonstriert die Umbesetzungsnot; ihre pathetische Variante findet sich unter anderem bei Bataille. Da der erotische Komplex bereits in die Sphäre des »Natürlichen«, das heißt des gesellschaftlich Normalisierten, einrückt – das reformistische Stichwort lautet »Befreiung der Sexualität« –, muß nun, nachdem das Heilige keinen Schlüsselreiz mehr bietet, dessen blasphemischer Widerpart, das Obszöne, als Jenseitsagentur herhalten. Sie allein schützt noch vor dem Schlingmechanismus blanker Innerweltlichkeit – der Immanenz.

Jener Mechanismus verelendet dadurch, daß er jedermann einzig von dieser Welt sein, einzig als endliches, leidunterworfenes, todgeweihtes Individuum existieren läßt. Eine Erlösungsperspektive tut sich nirgendwo mehr auf. Von jetzt ab werden plötzlich alle nur denkbaren Reizlagen bisher tabuisierter Triebregungen zu Elementen wollüstiger Grenzüberschreitungsphantasien, und zwar im Dienste einer perversen Wiederaufrichtung des Heiligen. Unter der Überschrift *Ohne Gewissensbisse* lesen wir bei Bataille – der Text wurde 1943 pseudonym publiziert:

»Ich habe Scheiße in den Augen
Ich habe Scheiße im Herzen
Gott läuft aus
lacht
strahlt
berauscht den Himmel
der Himmel singt aus vollem Halse,
der Himmel singt
der Blitz singt
der Glanz der Sonne singt
die Augen trocken
das zerrissene Schweigen der Scheiße
im Herzen«

»Wenn eine in Lust erhitzte Eichel das Universum zeugte, würde es werden, wie es ist: in der Transparenz des Himmels wären Blut, Schreie, Gestank.

Gott ist kein Pfarrer, er ist eine Eichel: Papa ist eine Eichel.«

Ja, es ist, als hätte Nietzsches Zarathustra, der Gott-Totrufer und Künder eines Universums unter dem Gesetz der Ewigen Wiederkehr, endlich Farbe bekannt. Man muß hinab in die Tiefen der Kloakenwelt, bis einem das Fäkalienherz über- und ausläuft, denn nur so kann Gott aus seinem Weltgrab wieder auferstehen, lachend, strahlend; denn nur so kann der Himmel wieder strahlen – freilich als ein neuer Himmel, der die Spuren seiner Zeugung aus dem Verfemten, der Gewalt des Obszönen – aus einer »in Lust erhitzten Eichel« – transparent beherbergt: »Blut, Schreie, Gestank«. – Meine These lautet also: Man versteht die Rede davon, Sexualität sei natürlich, nur schlecht, wenn man sie nicht als den Pol einer kulturellen Spannung begreift, deren anderer Pol in der Heiligung des Obszönen gipfelt.

SCHAUSPIELERIN
Hast du dir eine Vereinigung vorgestellt?
SCHAUSPIELER
Ich brauchte sie mir nicht vorzustellen, sie *war*, auf der Stelle, heiß. Dafür sah ich aber, daß ich dir, als mein zusätzliches Vergnügen, immer treu bleiben und deines Körpers nie überdrüssig werden würde. Dein Hintern würde sich immer neu runden unter meinem Blick, meine Hand, wenn sie zu deiner Hüfte käme, fände dort bis zuletzt heim. Und ich sah auch: Endlich ist sie da, die vertraute Fremde aus den Träumen, die nichts tut, als dazusein und mich mit ihrer rein leiblichen Liebe zu umspielen. Und ich sah auch sofort: Unsere Lust würde gottgefällig sein – nichts gottgefälliger als unser beider Lust –, und gottgefällig selbst unsere Obszönitäten: der oder die zuständige der Götter würde darüber von den Toten erwachen und mit uns mittun. Und was ich, zwar erfüllt vom Fragen und tatsächlich davon durch und durch rhythmisiert, bei all diesen Bildern zugleich wußte: Daß ich dir nie im Leben eine Frage stellen würde wie »Liebst du mich?« oder »Woran denkst du gerade?«

Nun könnte man einwenden, ich spräche von einer hochkulturellen Exklusivproblematik, deren Extremstilisierungen massenkulturell unerheblich seien. Was hat unsere Gesellschaft mit Marquis de Sade, mit Lautréamonts *Gesängen des Maldoror,* Charles Baudelaires *Blumen des Bösen,* mit den surrealen Subversionsorgien eines Bataille, Guillaume Apollinaire, Michel Leiris, mit dem Kosmomachismo Jean Genets oder den blasphemischen Mysterien Hermann Nitschs zu schaffen? Handelt es sich hier, aus der Perspektive des gesunden Menschenverstandes und sexueller Gemeinplätze betrachtet, nicht um monströse Verirrungen einzelner, die das gleichsam durchschnittlich Perverse unserer Kultur ins Absolutpathologische steigern? Darauf möchte ich, mich immer auf mein Leitthema »Sexualität ist natürlich« zubewegend, in drei Überlegungsschritten antworten:

Erstens ist es irreführend, den hochkulturellen Vorgang der Heiligung des Obszönen als pathologisch zu bezeichnen – es sei denn, man redet einer Pathologie des religiösen Urverlangens nach Transzendenz das Wort. Dieses Verlangen war seit jeher ein asoziales, insofern sein utopischer Fluchtpunkt, das Heilige, sich gar nicht anders symbolisieren läßt als durch die Negation des Gesellschaftlichen – die Negation aller innerweltlichen Vernunft und Moral. Das eben meint, im strengen Sinne, Transzendenz. Der ungeschützte Einbruch des Heiligen in eine Lebensordnung ist gleichbedeutend mit deren erlebter Nichtswerdung.

Man wird im Augenblick des Rapports mit Gott aus der Welt geschleudert, man hört auf, Mensch im menschlichen Verstande zu sein. Deshalb der unauflösbare Zusammenhang zwischen religiöser Ekstase und sozialem Tod. Schon die frühchristlichen Gnostiker – als Häretiker verfolgt – zeigen den Hang zum Sozialnegativismus; und nicht weniger ausgeprägt findet sich dieses nihilistische Potential bei den mittelalterlichen Mystikerasketen, die von ihrer Mutterkirche mit mißtrauischem Respekt behandelt werden: eine übergroße

Nähe zu Gott erzeugt den Verdacht, vom Teufel inspiriert zu sein.

Der dänische Philosoph Sören Kierkegaard hat in seinem Buch *Furcht und Zittern* (1843) das Glaubensparadox eindringlich dargestellt. Gott Jahwe befiehlt Abraham, seinen einzigen Sohn, Isaak, zu töten. Nach allen möglichen Maßstäben der Moral ist Abraham somit angehalten, sich durch Sohnesmord selber aus der menschlichen Gemeinschaft auszuschließen. Doch weil er im Auftrage Gottes handelt, ist seine Bereitschaft zur Wahnsinnstat eben nicht mehr mit menschlich-moralischen Maßstäben zu messen. Er ist – um ein Lieblingswort Kierkegaards zu verwenden – »Glaubensritter« geworden und hat folglich die Schwelle jedweder Kultur hinter sich gelassen. Nur deshalb ist sein Bezug zur Transzendenz ein authentischer, sozial weder ab- noch umgeleitet, noch auch sublimiert, sondern im krassesten Sinne real: unter der Existenzfülle des Heiligen werden Menschlichkeit, Vernunft, Gesellschaft zu Irrealitäten.

Zweitens: Die für die Neuzeit typischen Säkularisierungsvorgänge bedeuten nicht einfach ein Schwächerwerden der hochreligiösen Bindungskräfte und, damit einhergehend, Glaubens- und Sinnverlust. Sie bedeuten auf grundlegender Stufe die Freisetzung des Transzendenzverlangens und seine Ankoppelung an das einzig noch verfügbare antisoziale Radikal: die Sexualität in ihren verfemten Gestalten, also jenen Perversionen, die nicht weniger sind als der Aufstand des unsublimierten Trieblebens gegen jedweden sozialen Eingemeindungsmechanismus.

Aber der Verwilderungsprozeß des Religiösen und die mögliche Mobilisierung der Sexualität als anarchisches Transzendenzvehikel werden im Gesellschaftskörper durch massive Gegenmächte neutralisiert – Mächte, die vorgeben, im Dienste von Aufklärung, Mündigkeit und säkularer Vernunft die Freiheitsräume des Menschen über den im engeren Sinne technischen Bereich hinaus erweitern zu wollen. Zur Disposition stehen fortan die Seele, das »Humanum«, der Trieb. Mit großem Scharfblick hat die vielleicht einflußreichste Emanzipations- und Anpassungsagentur unseres Jahrhunderts, die Psychoanalyse, den Punkt der Bedrohung markiert, und zwar durch die Kennzeichnung der kindlichen Sexualität als »polymorph pervers«. Und die Psychoanalyse war es auch, die am klarsten den Weg wies, wie man der Bedrohung Herr werden könne: Statt die Sexualität zu unterdrücken, müsse man sie im Gegenteil zwecks Rationalisierung ihrer asozialen Tiefenlagen befreien – »wo Es ist, soll Ich werden«. Dazu sei erforderlich, die Sexualität als etwas Natürliches zu behandeln – ein programmatisches Unternehmen, das, wenn ich recht sehe, nicht zuletzt den Zusammenschluß sexueller und religiöser Impulse durch eine autonome, rein säkulare Sichtweise des Trieblebens bekämpft. Das erotische Natürlichkeitsideal, um das sich die psychoanalytische Perversionen-Doktrin dreht, lautet formelhaft: Sexualität jenseits der Transzendenz und ohne Neigung zum Sozialnegativismus!

Daraus resultiert schließlich, *drittens,* ein abgesenkter Breitendiskurs, in den sich, weit über den psychoanalytischen Rahmen hinaus, eine Vielzahl von Stimmen mischt, welche die Befreiungs- und Natürlichkeitsrhetorik aus unterschiedlichsten Beweggründen variieren. Da gibt es die Verfechter der freien Liebe, der Promiskuität; es gibt die Kritiker der kleinfamiliären Reproduktionsenklave; es gibt die feministischen Attacken gegen die patriarchale, mannzentrierte Sexualität; und es gibt die Parteigänger einer, wie ich sagen möchte, sozialisierten Perversion, besonders der angepaßten Homosexualität von Mann und Frau, die selbst dort, wo sie als politisierte in Erscheinung tritt, auf eine Veränderung der Gesellschaft, nicht auf deren Negation dringt.

Ich bin geneigt, die breitflächige Durchsetzung des Natürlichkeitsideals der Sexualität als einen Säkularisierungsvorgang zweiten Grades zu analysieren. Säkularisierung ersten Grades meint die schrittweise Isolierung der Religion von allen wesentlichen Interaktionsmedien, meint die Trennung der Kirche von Staat, Ökonomie, Wissenschaft, Kunst, Familie – meint zunächst aber nicht: Isolierung des gleichermaßen menschlich Privatesten wie Allgemeinsten, des Trieblebens, vom religiösen Verlangen nach Außerweltlichkeit. Indes, darauf richtet sich die Säkularisierung zweiten Grades: die Tendenz zur vollständigen Verinnerweltlichung der Seele und ihrer jenseitsstrebigen Bedürfnislage. Die Folgen dieses Vorganges sind ebenso schattenhaft wie tiefreichend. Sie generieren das Mangelphänomen der *erotischen Beziehungslosigkeit*.

SCHAUSPIELER
Jetzt kann ich fragen: Warst du in deinem früheren Leben mit einem Mann zusammen, der sich dir, in gleichem Maß wie du dich ihm, hingegeben hat?
SCHAUSPIELERIN
Nein. Während es mich dazu drängte, in der Auflösung erst meine Gestalt anzunehmen, spürte ich jeweils die Angst des Mannes, sich mit mir aufzulösen. Diese Angst übertrug sich auf mich, und wir haben uns von unserem Vernichtungsflug schleunigst zurück in den sogenannten Genuß geflüchtet, meinetwegen bis hinauf in die Haarwurzeln. Und ich bin sicher, seit je war kein Paar, das sich einander hat wirklich hingeben können.

Man könnte meinen, Personen, die sich sexuell – mit Heidegger gesprochen – als empirisch Zuhandenes begegnen, seien in der Lage, den Geschlechterkampf mit mehr gegenseitigem Verstehen auszutragen als beispielsweise jene Liebenden der romantischen Literatur des 19. Jahrhunderts, denen als Subjekten von unendlicher Seelentiefe nur bleibt, einander zu verschlingen oder zu verfehlen. Dem ist aber nicht so. Die Genußmittelperspektive der Sexualität erzeugt quälende *erotische Übernähe*, die mit einer bislang unbekannten *Fremdheit der Geschlechter* einhergeht.

Erotische Übernähe: Damit will ich einen Fehlzustand des Aufeinanderbezogenseins markieren, der entsteht, sobald sich Mann und Frau, unter dem Prätext der Natürlichkeitsideologie, gleich sexuellen Reiz-Reaktions-Mechanismen zu erfahren beginnen. Was war es denn, das in den letzten fünf Jahrzehnten als »Kunst des Liebens« breiten Bevölkerungsschichten massenmedial nahegebracht wurde und nun in schier endlosen Variationen die Blätter einer angeblich prüderiefeindlichen Regenbogenpresse füllt? Antwort: Die Wahrnehmung des sogenannten Geschlechtspartners als einer Konstellation spezifisch stimulierbarer erogener Zonen.

Dadurch wurde die Intervention moralischer und ideologischer Momente keineswegs ausgeschlossen, im Gegenteil. Sexualwissenschaftler belehren uns darüber, ob es noch normal sei, bei dringendem Bedarf an sich perversen »Verkehrs«-Praktiken zu obliegen, und wie weit man dabei gehen dürfe, ohne ins Pathologische abzugleiten. Zwei Beispiele: Erst kürzlich mußte der Sexologe Ernest Bornemann in einer Postille für Ewig-Pubertierende einem Liebhaber erklären, daß seine Freundin keineswegs abnorm oder gesundheitsgefährdet sei, wenn sie daran Gefallen finde, männliche Samenflüssigkeit zu schlucken. Weniger aktuell erscheint unterdessen die von Feministinnen seinerzeit erhobene Frage, ob der vaginale Orgasmus nicht glattweg einem sexistischen Mythos entstamme; geblieben aber ist am Illustrierten-Niveau eine erhöhte Sensibilität für die eigentümliche Reizbarkeit der Frau – eine Sensibilität, welche die Rolle des Mannes beim Liebesakt als sexualtechnisch fragile Angelegenheit erscheinen läßt, die ebensowenig instinktiv bewältigt werden könne wie die Bedienung eines High-Tech-Geräts.

SCHAUSPIELER *fragender Blick.*
SCHAUSPIELERIN
Nein, ich habe nur mein Begehren geliebt, und einzig das Begehren meines Gesichts, das Begehren meiner Augen. Und ich

wußte dabei: Keine schöneren Augen auf der Welt als die Augen meines Begehrens. Und wie tat das Begehren in meinen Augen mir gut. Und wenn dieses Leuchten da einmal aussetzte: Wie häßlich habe ich mich gefühlt – wie sinnlos – wie nichtig – wie nackt.

SCHAUSPIELER *fragt schweigend.*
SCHAUSPIELERIN
Nein, kein Mann hatte diese Art des Begehrens. Entweder erschien er jäh entstellt von Begehrlichkeit, oder es war, wie heißt es?, jener »schwere Ernst, in dem die Lust sich vollzieht«, so daß ich immer stärker die Vorstellung hatte, bei mir gehe ein Toter ein und aus, oder der Mann ahmte die Heiterkeit meines Begehrens nach, wodurch er aber nur unernst wurde und selbst noch die Begehrlichkeit verlor. – Ebenso schön wie die Augen meines Begehrens erschienen mir allein die Augen jenes Mannes, der etwas im Sinn hatte, unterwegs zu einem Vorhaben, hell dazu entschlossen. Die Augen des Sinnenden brachen mein ewiges Begehren nicht nur nicht, sie gaben ihm recht. Die Begegnung der Augen des Phantasierenden mit den Augen der Begehrenden: das ebenbürtige Paar. Nur begegneten diese Augen einander nie. Und beim zweiten Mal hatten sie nicht denselben Augenblick. Und ein drittes Mal gab es nicht mehr.

Erotische Übernähe führt zwangsläufig zu einer Entsublimierung geschlechtsspezifischer Wahrnehmungsmuster. Derlei Übernähe zerstört jenen Blick, der den Anderen aus der Zone des platt-Körperhaften herausrückt und in ein virtuell unendliches Spiel der erotischen Zeichen und Bedeutungen einbindet. Nur kraft jenes Blicks entsteht aus einem triebhaft besetzbaren Organismus eine Person, deren Tiefe erst den Traum gestattet, den wir Liebe nennen – und den die Heiligung des Obszönen auf sein existentielles Radikal stieß: auf das religiöse Ursprungsverlangen nach Erlösung aus dem Bannkreis der Endlichkeit, der Welt des »Gestells«, der Verfügbarkeit und des Todes.

Indem die Natürlichkeitsideologie auf einen Abbau der Physiognomisierung des Anderen dringt, kettet sie die Liebesbeziehung einerseits an die kulturindustrielle Brutalisierungsschraube der steten Steigerung von Triebintensitäten. Die Szenarios reichen vom »pink shot«, der hochprofessionellen Abbildung des Schamlippenbereichs in Agfacolor zu onanistischen Zwecken, bis zu den Pornovideos, die in Privatclubs sadistische Tötungsrituale an lebenden Frauenkörpern demonstrieren. Andererseits gibt die Natürlichkeitsideologie Anlaß zu Normalisierungsfeldzügen, die einer gleichsam aristotelischen Mesotes in Triebbelangen huldigen. Sex – das soll die wohlproportionierte Mitte zwischen Ausschweifung und einer Liebeskultur sein, die allemal fürs Schulfernsehen taugt. Die Zivilisierung des Eros wird perfektioniert, indem – exemplarisch gesprochen – Doris Day die Rolle der Geliebten Marlon Brandos im *Letzten Tango von Paris* übernimmt. Und natürlich stirbt Brando nicht durch die Hand der Geliebten: eine Liebespassion wäre fehl am Platz. Statt dessen zieht der Held als Single neuen erotischen Abenteuern entgegen, oder er landet doch bei Doris Day und TV-Dinner-Erotik – es ist eines fast so gut wie das andere, und was das bessere ist, muß im Jugendfrei-Land des Individualismus jeder für sich selber entscheiden …

SCHAUSPIELER
Hast du schon einmal von einem sagen können: »Mein Mann«?
SCHAUSPIELERIN
Einmal sagte ich: »Ein guter Mann hat mich zu seiner Frau gewählt, und darauf bin ich stolz.« Aber das war Teil einer Rolle, in einem Western, und außerdem gibt es keine Western mehr. Und einmal sagte ich zu einem Mann: »Die Welt, in diesem

Fall du«, aber das war in einem Theaterstück, und außerdem ist das Stück längst vergessen.

Sollte ich tatsächlich einen Grundzug moderner Erotik freigelegt haben, dann stellt sich die Frage, wie ein postmodernes Geschlechterverhältnis beschaffen sein könnte – ein *Geschlechterverhältnis jenseits der Heiligung des Obszönen und jenseits der durch erotische Übernähe erzeugten Fremdheit zwischen Mann und Frau.* Die Frage stellt sich, aber die Antwort liegt im dunkeln. Denn es ist ein Kennzeichen der Moderne, Prophetien als etwas erscheinen zu lassen, das, kaum ausgesprochen, zum Anachronismus verkommt: Hatten wir das nicht schon?

Im Schauspiel *Der Park* (1983) läßt Botho Strauß – er gilt zu Recht als *der* postmoderne Dramatiker unserer Tage – seine Helden der Macht des Shakespeareschen *Sommernachtstraums* erliegen. In der Präambel zum Stück heißt es: »Man stelle sich vor: eine tüchtige Gesellschaft, beinahe gleich weit entfernt von den heiligen Dingen wie vom zeitlosen Gedicht (und ein wenig ermüdet schon), erläge statt einem Mythos oder einer Ideologie dem Genius eines großen Kunstwerks. [...] Und so wie keiner von uns sein *eigenes* Leben führen kann, sondern immer nur eines, das tausenderlei übergeordneten und untergründigen Vorbedingungen, ›Strukturen‹, Überlieferungen gehorcht, sind auch jene Zeitgenossen, die hier auftreten, Abhängige und Ideologen unter der zauberischen Herrschaft einer alten, unergründlichen Komödie.« Derart erscheint das Bemühen um Wiedergewinnung der Transzendenz innerhalb einer durch Aufklärung geschlossenen Gesellschaft, die vom Heiligen ebenso entfernt ist wie vom geschichtstragenden Prinzip Hoffnung, nichts weiter als ein Spiel mit abgelebten Gefühlen, Visionen, mythischen Skripts. Die Schlüsselrolle der Kunst ist eklatant: Mögen Mann und Frau sich in ihrer Geschlechternot auch darin gefallen, die abendländische Welt der Liebesästhetik als Requisitenkammer zu benützen, so bleibt doch wahr, daß die Imitation von erotischer Nähe und Ferne, von Obsession, Tragik und beiderseitigem Versunkensein eine Inszenierung ohne Wahrheitsgehalt darstellt. »Jedoch Verwandlungen vollziehen sich und wälzen Menschen, Geister, Handlung um – der ›Sommernachtstraum‹ geht immer weiter, und niemand da, der wachgeblieben wäre und jenes gute Gegenmittel brächte, um alle rasch von ihrem Irrtum zu befreien.« Niemand da, der uns, Frauen wie Männern, zeigte, daß die Kunsthülle einen Kern umschließt, der uns einander erkennen ließe ohne falsches Tiefengespreize. Am Ende sind wir wieder dort, wo wir bereits waren: sind einander wieder zu fern, zu nah.

Der postmodernistische Hang, den Eros durch artifizielle Formung mit der Aura einer Fremdheit zu beseelen, die erst eine traumwandlerische Zuneigung der Geschlechter ermöglichte, offenbart sich als die Produktion eines Scheins, dem kein lebendiges Sein entspricht. Wenn die Mannequins, die gestisch, mimisch und kosmetisch als halbmythische Wesen gestylt, den Laufsteg verlassen, fällt die Kostümerie, und es bleiben pussycats. Und die schillernden Machos, deren Inbilder neuerdings als hart-zärtliche Mischlinge die Werbespots bevölkern, lassen schon im blühendsten Mannesalter Joseph Hellers Mister Slocum aufkeimen, dem bekanntlich nichts gelingt wie geplant, Sex eingeschlossen: die middle-life-crisis rückt vor bis an die Grenze des Pubertär-Amorphen. Es gibt noch immer einen Traum der Liebe, aber er spricht zu uns durch tausenderlei kulturindustriell genormte Masken, hinter denen bestenfalls jener weltlose Hedonismus rumort, den Botho Straußens *Mädchen mit Zierkamm* – eine der Treibsandfiguren des Buchs *Niemand anderes* (1987) – im wörtlichen Sinne verkörpert:

»Es wird Frühjahr. Die ersten warmen Tage. Die Leute fangen an, sich draußen auf die Bänke zu pflanzen.

Die Schmunzelkontakte breiten sich aus. Höchste Zeit, sich anderswo umzusehen. Das Mädchen zieht den Saum seines Minirocks vor – weit entfernt, damit die Knie zu bedecken. Uralter, zweckloser Anstandsreflex. Man sieht ohnehin der Strumpfhose bis in den Zwickel. Das Mädchen steht auf. Es

schlurft in den knautschigen Stiefeletten über den gepflaster-
ten Anlagenweg. Dürre, nach innen verdrehte Beine. Kein Tag
ohne Erleichterungen.«

Bleibt zu sagen, daß der, der hier sprach – ich rede von mir
selber –, es als Anmaßung empfände, noch dem Glauben an
eine geschlechterumspannende Wahrheit zu huldigen. Die
Zwiesprache der Geschlechter, die ohnedies nie wirklich statt-
fand, hat unterdessen den Charakter eines unüberbrückbaren
Zwiespalts angenommen – man spricht auf das andere Geschlecht zu, wohl wissend, daß Männer und Frauen gegenein-
ander Monaden sind, freilich ohne prästabilierte Verstehens-
harmonie und, um es mit Botho Strauß zu sagen, auch schon
ein wenig ermüdet.

SCHAUSPIELER
nach langer Pause: Hilf mir zu lieben.
SCHAUSPIELERIN
nach langem Schweigen: Dann führ mich heim.
SCHAUSPIELER
nach langem Schweigen: Wo ist das? *Die Bühne verdunkelt sich.*

Erfahrung und Unschuld

Aus Anlaß eines Gesprächs mit dem Autor

Im *Nachmittag eines Schriftstellers* (1987) trifft Handke folgende grundsätzliche Feststellung:

»Schon indem ich, vor wievielen Jahren nun?, mich absonderte und beiseiteging, um zu schreiben, habe ich meine Niederlage als Gesellschaftsmensch einbekannt; habe ich mich ausgeschlossen von den andern auf Lebenszeit. Mag ich auch bis zum Ende hier unterm Volk sitzen, begrüßt, umarmt, eingeweiht in seine Geheimnisse – ich werde doch nie dazugehören.«

Es ist dies eine Reaktion auf eine »Front« von Fragen, deren einige lauten:

»Was war seine, des Schriftstellers Sache? Gab es in seinem Jahrhundert überhaupt noch solch eine Sache? Was für ein Mann ließ sich zum Beispiel benennen, dessen Taten oder Leiden danach schrien, nicht bloß berichtet, archiviert oder Stoff der Geschichtsbücher, sondern darüber hinaus überliefert zu werden in der Form eines Epos oder auch nur eines kleinen Lieds? Und welchem Gott war noch ein Preisgesang anzustimmen? [...] Und welche Völkermörder dieses Jahrhunderts, statt mit jeder Ausrede neu aus ihrer Grube zu steigen, konnten noch für immer in ihre Hölle geschickt werden durch eine einzige Terzine? [...] Und wer durfte bei alledem sich darauf berufen, er sei ein Künstler und behaupte in sich einen Weltinnenraum?«

Handkes Antwort liefert kein Argument, wie der Schriftsteller, der Künstler *dennoch* möglich sei; sie gibt vielmehr ein *Rätsel* auf.

Das Rätsel hatte, schon lange vorher, Witold Gombrowicz demonstriert, indem er sein Tagebuch 1953 so beginnen läßt:

	Montag
Ich.	
	Dienstag
Ich.	
	Mittwoch
Ich.	
	Donnerstag
Ich.	

Das reine Ich des Künstlers wäre demnach jener »Weltinnenraum«, der allein noch dem allesdurchdringenden und gleichzeitig alle Kunst entwertenden Gesellschaftsmenschlichen Widerstand zu leisten vermöchte. Aber dieses reine Ich, als solches genommen, ist auch eine Art von Nichts – die gehaltloseste Quelle künstlerischen Schaffens, die sich denken läßt. Gewiß, jeder ist, über sein gesellschaftliches Wesen hinaus, ein Ich, ein *Individuum*; freilich, damit es zur Weltimmanenz und damit zur künstlerisch gestaltbaren Existenz gelange, muß es sich an den Totalbetrieb, der »Welt« heißt und der ohne gesellschaftsmenschliche Dynamik (die das rein »Natürliche« überformt) gar nicht denkbar wäre, *ausliefern*. Selbstentfremdung – so die These, die hier zwingend scheint – ist eine Bedingung der Möglichkeit jedweder Selbstwerdung und, stärker noch, jedweden Selbstseins.

Handkes Rätsel lautet: Gibt es, obwohl doch zumindest heutzutage alle Erfahrung vom sozialen *Unwesen* (das die künstlerische Arbeit ständig zu nihilieren droht) imprägniert ist, eine künstlerisch produktive *Unschuld* des Individuums? Gibt es in diesem Sinne eine gehaltvolle und daher formbare Erfahrungswiderständigkeit des Ichs? – Das Tagebuch von

Gombrowicz entfaltet die Frage als eine großräumige *dialekti-sche* Problemkonstellation. Die Antwort lautet ungefähr: Ja, weil nein – und sie wird verstanden als die ewige Aufgabe des Künstlers, zwischen der Leere des reinen Ichs und den das Individuum bedrohenden Einebnungstendenzen, den gesellschaftlichen Vermassungs- und Gewaltmechanismen zu »vermitteln«.

Wie indes lautet Handkes Antwort, von der wir zunächst nur wissen, daß sie eine durch und durch antidialektische sein will? Mit »Vermittlung« hat ja der nichts zu schaffen, der sich von den andern ausgeschlossen hat »auf Lebenszeit«, der sich absonderte und beiseiteging – ein für allemal. Ich werde, auf Handke zu, an Handke vorbei, nach einer Lösung suchen, so gut ich eben kann.

Vorweg als Hinweis: Handke betreibt, paradox genug, im Dienste des Individuums eine Art *negativer* Dialektik, das heißt kontextkonkreter Widerstandsausübung gegen das universell gegenwärtige »Man«, und zwar mit den Mitteln des *Essentialisten*, der dem abstrakten Unwesen künstlerisch Wesensgehalte opponieren läßt. Ein *Gedicht an die Dauer* (1986) soll das wahre Erfahren der Zeit, ein *Spiel vom Fragen* (1989) soll die wahre Fragehaltung, ein *Versuch über die Müdigkeit* (1989) soll das wahre Müdewerden und Müdesein gegen die Hypodromie, gegen die (scheinaufklärerische) Wenn-und-aber-Kultur, gegen den Putzmunterkeitsimperativ der Zeit als wie immer auch real uneinlösbare, weil nur im reinen Ich grundgelegte *Vision* aufleuchten lassen.

Vor Monaten vermittelte Alfred Kolleritsch ein Zusammentreffen zwischen Peter Handke und mir. Es war das erste Mal, daß ich mit dem Schriftsteller sprechen konnte. Ich will hier über drei Episoden des Gesprächs berichten, von denen ich annehme, sie seien veröffentlichbar. Sie kreisen nämlich samt und sonders auf prinzipielle Weise um ein Thema, das für Handkes Schaffen (meinem und vielleicht auch seinem Verständnis nach) von vitaler Bedeutung ist – das Thema »Erfahrung und Unschuld«.

Episode eins: Handke erklärt mir kategorisch, im Fluß des Schreibens habe man, anders als im Fluß des Redens, die Schreibbewegung weitertreibende Wörter wie »aber«, »doch«, »deshalb«, »weil« tunlichst zu vermeiden; das richtige Wort laute stets UND. – Und wie steht es mit einer – mir erst kürzlich untergekommenen – Wendung wie: »Anderntags nun aber ...« Nein, erwidert Handke, es müsse heißen: »Am anderen Morgen nun ...« – Zu denken gibt mir, daß der andere Tag mit dem Morgen beginnt; der Morgen, denke ich, ist eine Eröffnungszeit – und hätte also sein Wesen darin, *aber*-los zu sein? Das ABER wäre also das Mal einer in der Zeit verfallenden Welt, die, indem sie sich mit dem *Gescharre von Rede-Krebsscheren* böse auflädt, wesenlos wird?

Episode zwei: Ich bringe das Gespräch auf einen Schriftsteller, den ich hochschätze und von dem ich annehme, er müßte auch Handkes Billigung erfahren. Dessen Reaktion jedoch ist scharf, ja kompromißlos. Er, Handke, habe jenen Kollegen niemals als Schriftsteller wahrgenommen, denn ihm fehle die hiefür notwendige Voraussetzung der UNSCHULD. (In der Tat, bei dem fraglichen Autor sind die Sensibilität für Zeitphänomene – Adorno hätte wie bei Proust vielleicht von einem »Mann ohne Haut« gesprochen – und der darauf anspringende *Reflexionsimpuls* eine unüberbietbare Symbiose eingegangen.)

Episode drei: Ich gebe Handke zu bedenken, daß seine Abkanzelung der rechtswissenschaftlichen Universitätslehrer an der Grazer Fakultät, wie er sie in seinem *Versuch über die Müdigkeit* (im hadernden Rückblick auf sein eigenes Jura-Studium) vornimmt, doch auch ein Moment der Ungerechtigkeit in sich berge; denn jene ihre Sache scheinbar seelenlos exekutierenden didaktischen Monster seien das Ergebnis einer literarischen Fern- und Haßperspektive. Und erfordere es nicht gerade die von ihm, Handke, für den Schriftsteller postulierte

Haltung der Gerechtigkeit, die *Perspektive der Nähe* einzunehmen, die erst den differenzierten, an seiner Beschränktheit leidenden, den innerhalb seiner Beschränktheit einer – meinethalben verschütteten – Erziehungsvision nachstrebenden Menschen hinter dem Funktionärspopanz zu sehen gestatte? (Ich denke dabei an mich selber, den ebenfalls vielfach »gekränkten« Universitätsdozenten.) Handkes Replik ist unerbittlich. Nein, er habe, nach mancherlei Annäherungsversuchen an diese »Lehrer«, deren *Unwesen* erfaßt (deren Leidensunfähigkeit, die eine perfekte Anpassung des Gewissens an die gewissenlosesten Seelenverödungspraktiken der angeblich Hohen Schulen perfekt abzusegnen erlaube – so oder ähnlich äußert sich der Autor).

Das Erfassen des Unwesens wird im *Versuch über die Müdigkeit* – und zwar nach jener Passage, in der »unser Volk« als das Un-Volk der »Putzmunteren« (»das erste unabänderlich verkommene, das erste unverbesserliche, das erste für alle Zukunft zur Sühne unfähige, umkehrunfähige Volk der Geschichte«) zur Strecke gebracht wird – vom bloßen Haben einer Meinung folgendermaßen abgegrenzt:

»Es ist keine Meinung, sondern ein Bild: denn was ich dachte, sah ich zugleich. Meinung, und damit unrichtig, ist daran vielleicht das Wort ›Volk‹; denn in dem Bild erschien mir eben kein ›Volk‹, sondern der verstockte, zur Uneinsichtigkeit seiner entmenschten Taten und zum endlosen Kreisgang verurteilte ›Haufen der Unmüden‹. Aber selbstverständlich widersprechen dem jetzt sofort andere Bilder und verlangen wieder Gerechtigkeit; bloß gehen sie mir nicht so tief, mildern nur.«

Zu dieser Stelle notierte ich einen spontan einleuchtenden Satz; dessen Crux ging mir erst später auf (ich werde sie im Abschnitt »Die Gottesanmaßung« besprechen): »›Es ist keine Meinung, sondern ein Bild‹: das macht die Sache nicht besser, eher schlimmer; gegen eine Meinung kann man argumentieren, nicht aber gegen ein Bild, noch dazu ein *solches* – ein prädiskursives Haßbild!«

Manche Fragen scheinen dermaßen aus einer Perspektive jenseits des Weltgetriebes gestellt zu sein, daß sie für ein ganzes Leben reichen mögen. Eine von ihnen lautet: *Gibt es hierorts, innerhalb des Weltgetriebes, eine Erfahrung, die unschuldig ist?*

Was wäre denn das für eine Erfahrung? – Als Kind, und es war, als ob die Zeit einschliefe, quälte ich einmal eine Kröte. Ich habe die Szene in meiner *Tragödie der Uneigentlichkeit* (1988) eine Dichter-Figur, die ich »Protokollant« nannte, erzählen lassen (und ich wünschte, die Erzählung spielte *post hoc,* nach dem Sündenfall, in einer Zeit, die schläft und niemals mehr erwacht). Ich will die Erzählung des Protokollanten hier wiedergeben, weil sie uns, wie ich glaube, etwas Wichtiges lehrt: daß nämlich das *Böse,* das in die Erfahrung eintritt und sie *für immer* infiziert, um sie schließlich zu vernichten, mit dem Begriff »Schuld«, der seine Realität stets und ausschließlich aus dem Empfinden des Erfahrungssubjektes bezieht, *nichts* zu tun hat. Es ist oft der Unschuldige, der dem Bösen verfällt, und das schrecklichste Böse ist jenes, das aus dem Unschuldigen spricht – aus dem, der sich sein Böses nicht *aneignen* kann; aneignen, indem er ein Schuldiger zu werden und sich so zu erfahren beginnt; indem er seine Geschichte des Schuldigwerdens erhält (die Theologie beschrieb das unschuldige Kind als den bevorzugten Einfallsort des Teufels, und sie hatte recht, nicht das Zuckerbäckertum Gottes, dem viele unserer sogenannten Seelsorger heute obliegen).

DIE ERZÄHLUNG DES PROTOKOLLANTEN

Als ich, nein, falsch – als der Dichter noch ein Kind war, das nicht lesen konnte, kam er bei den Spaziergängen, die er mit seiner Erziehungsperson zu absolvieren hatte, oft an einem Tümpel vorbei, an dem sommers Kröten lebten. Das Kind hockte sich gerne beim Tümpel nieder und faßte nach den Krö-ten, die aber, sobald die Hand auf sie zufuhr, flohen. Das Kind betrachtete dann die Bläschen, die am Wasser schaukelten, während die Erziehungsperson zum Weitergehen mahnte. Es gab einen kleinen Schwindel und eine kleine Freude. Später schien es dem Dichter, er habe gar nicht Kröten fangen, bloß den kleinen Schwindel und die kleine Freude erleben wollen. Indes, einmal hielt das Kind doch eine Kröte in der zuschnap-penden Hand. Die Sonne stach ein bißchen im Nacken: »Laß los!« Als sich die Hand des Kindes wieder öffnete, fiel die Kröte nicht zurück ins Wasser, sondern auf Kiesel und Sand. Dort blieb sie reglos mit reglosen Augen; sie trocknete rasch. Die Kröte trocknete, ohne zu rucken.

Und das Verhängnis nahm seinen Lauf.

Die Kröte, die tot war, starb. Später schien dem Dichter, der nun wohl wußte, daß Tier wie Mensch am Schrecken sterben konnten, es sei ihm damals, nahe den Krötenaugen, die bar je-den Ausdrucks waren, ein Bild seines Verhängnisses erwach-sen. Die Erziehungsperson mahnte zum Weitergehen: »Komm schon!« Und die Kröte, die tot war, starb. Und dem Kind fehlte das Wort, das es zwischen sich und das Ausdrucks-lose hätte stellen können; statt dessen klang ihm das »Komm schon!«, als ob es von den Krötenaugen herkäme, vom Kiesel und vom Sand. Aber was hatte das zu bedeuten? Es bedeutete dem Kind »Laß los!«, und ich, nein, falsch – der Dichter, der noch keiner war, hatte, den kleinen Schmerz der Sonne im Nacken, bereits losgelassen.

Jedes Menschen Leben, schrieb ich, nein, falsch – schrieb der Dichter, steht unter einem Verhängnis. Das Verhängnis nimmt seinen Lauf, und zwar in jedes Menschen Leben seinen eigenen. Das Verhängnis ist die Art und Weise, wie das Offene sich in eines Menschen Leben zum Verhangenen gestaltet, der-art das Leben vor der tiefsten Verletzung – der Daseinsblen-dung kraft eines ungeschützten Rapports mit dem Offenen – bewahrend.

Die Kröte, die tot war, starb; starb fort und fort. Denn mir, nein, falsch – dem Dichter, der noch keiner war, fehlten damals, am Tümpel, die Worte. Nicht die Worte, die gesprochen wurden, nicht die Geräusche von den Lippen her, die Beine machten: »Komm schon!« Die Geräusche von den Lippen der Erziehungsperson her waren Teil des Offenen, das blind macht, waren das blanke *Ist:* die Augen der Kröte mit den Pupillenschlitzen waren zwei Halme, die sich zum Grab, das sich gräbt, aufrichteten, gleichzeitig aber nichts weiter als Stimmenlärm, der den Erblindenden zum Weggang rüstete. Der Dichter, der noch keiner war, verstand das Geräusch, doch er verstand nicht die Bedeutung des Geräusches. Und eben dieses verständnislose Verstehen wurde besiegelt durch die Augen der Kröte, in denen sich kein Halm zum Grab, das sich gräbt, aufrichtete. Die Halme am Tümpel standen, wie sie standen; sie warfen Schatten. Nichts spielte in anderes hinüber. Die Halme warfen keine Schatten, wie auch die Pupillenschlitze der Kröte keinen Halm zum Grab, das sich gräbt, aufrichteten. Alles war, blinder Teil des Offenen, bei sich selber, beziehungslos komplett & vollendet, ohne Ausgang und Eingang derart, daß der Blick des Dichters, der noch keiner war, splitterte.

Der Blickende sah, ohne zu sehen, der Hörende hörte, ohne zu hören. Alles *war,* freilich auf wesenlose Weise. Das war der Schrecken des Offenen, der sich auftat im Überquer von Geräusch und Augending, als das Leben, welches die Welt *ist,* aus der Kröte, die sterbend schon tot war, ausfloß.

Später wurde ich, nein, falsch – wurde der Dichter Dichter. Er bekam einen Blick: den Blick seines Verhängnisses; er wurde jung.

Der Dichter benannte die Dinge und verstreute sie übers Papier. Er verstreute Wortdinge über das Papier und sammelte sie wieder ein. Er schichtete, zerlegte, ordnete. Das machte, so schien ihm, den Dingen Augen: die Augen des Worts. Und also floß das Leben zurück ins blanke Augen-*Ist* jener Kröte am Rand jenes fernen Tümpels. Oder nein, nicht das Leben:

nicht das; die Wirklichkeit nahm nun, kraft des Verhängnisses, welches er, der Dichter, über die Daseinsblendung verhängte, erst Wohnstatt im Offenen: im Pupillenschlitz, im Halm, im Kiesel.

Das »Komm schon!«, das ihm einst bloß Geräusch gewesen war, dazu angetan, Beine zu machen, war ihm nun Lockung und Versprechen in eins. Die Dinge lockten aus einer Ferne, die nah macht. Und diese Ferne, so schien dem Dichter, war die verhangene Anwesenheit der Dinge auf dem Papier. Sie lockten, so schien dem Dichter, im Schatten der Worte, durch den Schatten der Worte hindurch und über den Schatten der Worte hinaus.

Die Augen der Kröte an jenem fernen Tümpel, schrieb der Dichter, jene einst blankseienden, verhängnislos offenen Augen, sie öffnen sich nun, durch das Verhängnis der Worte hindurch, mir zu; mir zu öffnen sich die Augen noch einmal, und nun öffnen sie sich erst wahrhaft: »Komm schon!« Der Halm, schrieb der Dichter, richtet sich auf im Pupillenschlitz als das die Wunde des Offenen heilende Mal des Seins. Das Verhängnis, schrieb der Dichter, beherbergt das Versprechen auf Heilung – Heilung der Wunde, die das Offene ist.

Und derart auch, so schien es mir, nein, falsch – schien es dem Dichter, stand ihm nun die Welt verhangen-offen. Er ging sehenden Auges dahin, dorthin, sammelte vielerlei Dinge auf dem Papier, sie in Schichten ordnend, sie zur Ordnung zerlegend, blicksam Ordnungen schaffend. Der Dichter dichtete in Reimen, indes, bald schon dünkte ihm dieses Verfahren ärgernis-, ja ekelerregend. Die Ordnung des Reims, schrieb der Dichter, ist eine des Geräusches, nicht des Blicks. Je erlesener, je strenger, je weniger platterdings sich die Reime formierten, umso flacher wurden die Worte, umso blanker, unverschatteter scharrte das Geräuschespiel auf dem Papier.

Und das wortebestückte Papier blaffte. Das Offene tat sich auf, tat sich, unverhangen, auf als ewig scharrende Wunde –: Das »Laß los!«, das der Lockung und dem Versprechen des

»Komm schon!« eingefriedet ist, schrieb ich, nein, falsch – der Dichter, wird friedlos gelegt im Reimespiel, das ich, nein, falsch – das er, Nichtswürdiger vor dem Verhängnis des Seins, treibt.

Eines Tages nun verharrte der Dichter, ich war's, war's nicht, am offenen Grab der Erziehungsperson von einst. Rund um das Grab standen die Halme. Der Kies knirschte. Auf den Lippen des Geistlichen, der, scharrend, die Einsegnung schnarrte, schaukelten Bläschen. Den Dichter ekelte, ich tat ein Gelöbnis: »Keine Reime mehr!« Dann, wieder vor einem Blatt, schrieb der Dichter: *Grab das Grab, das sich gräbt. Grab den Pupillenschlitz, und dahinein grab noch einmal. Grab das Grab des Halms, damit er sich aufrichte zum Pupillenschlitz. Dahinein grab mit dem Halm. Grab die Wunde, die ewig scharrt – grab den Blick: grab das Grab, das sich gräbt.*

Der Dichter verharrte, ihn ekelte. Er strich, Satz für Satz, das Geschriebene durch. Aber noch immer blafften die Worte. Anderntags ging der Dichter zum Grab; die Totengräber hatten es der Ordnung gemäß zu- und aufgeschüttet. Der Dichter nahm vom Grabhügel Erde, und dann, zuhause vor seinem Blatt Papier – war es nicht immer dasselbe Blatt gewesen? –, ließ er seinen Speichel auf Erdklümpchen tropfen. Es gluckste. Bläschen machten dem Dichter einen kleinen Schwindel und eine kleine Freude. Er besah das Durchgestrichene, Ekel würgte, man mußte das Blaffen stillkriegen! Der Dichter verschmierte sein Blatt mit speichelnasser Erde. Das Papier dunkelte, die Schriftzeichen, durchgestrichen allesamt, dunkelten auch. Buchstaben verschwanden, teils oder ganz, Worte verschwanden, teils oder ganz. Das Verschmierte und Verklumpte, so schien dem Dichter, gab endlich den Laut, auf den es einzig ankam. Die Schrift, dachte der Dichter, ist dabei, sich hinter ihrem Verhängnis zu zeigen: als das Verhangene, das, begraben, sich zur Botschaft des Grabes, das sich gräbt, öffnet – sich öffnet zum Blick.

Nein, der Dichter dachte nicht. Mir war, vor meinem Blatt

hockend, als ginge es um mein Leben. Ich hörte meine Füße unter dem Tisch scharren, und da *sah* ich, Scharrgeräusche im Ohr, die, von mir erzeugt, nichts mit mir zu tun hatten – da *sah* der Dichter das dreckige Blatt Papier vor sich, auf dem die Erdklümpchen trockneten. Trockneten wie einst die Kröte am Drecksrand jenes fernen Tümpels, der schon lange ausgetrocknet war. Was ging's mich, nein, falsch – was ging's den Dichter an, der ich war?

Es lag nicht an den Reimen; und auch nicht an den Verben, die manche mit Pedanterie aus ihren Gedichten fernhielten. Wollten die, die so verfuhren, uns die Augen zurechtrücken über das schroffe, kurzatmige, beziehungslose Beieinander der Dinge? Oder wollten sie gar die Dinge sich selber zurechtrücken lassen kraft einer Aussparungsmagie der Worte? Wie weit ging der Wahn jener, die mit der Sprache experimentierten, indem sie in die Syntax einbrachen, Worte zerbrachen, hybride Neuschöpfungen aus alten Dichtgefügen montierten? Erkannten jene denn nicht, daß in den Worten nichts steckte, keine Tiefenwahrheit, bloß Materie, Graphitklümpchen oder Farbstoff, die auf wer weiß welchem Weg Stimmbänder vibrieren machen und derart Geräusche entstehen lassen konnten? Die Dichterkollegenschar – lauter Tölpel, die Reimverschleimung oder Sprachwechselbalgerzeugung für geeignet hielten, das Universum des Offenen (blankes Auge, blanker Stimmton, blankes Schwarz-auf-dem-Papier) zu lichten: zu lichten mittels des Verhängnisses der Worte!

Nein, es lag am Zirkel des Bedeutens, der in Wahrheit ein unübersteigbares, nicht zu unterlaufendes Bezogensein opaker Materien aufeinander ist. Kausalreihen, Ähnlichkeiten, Reiz-Reaktions-Paarungen: das war alles, das ist alles, es gab nur das Offene, es gibt kein Verhängnis.

Das Verhängnis ist der Wahn dessen, der, als ob es um sein Leben ginge, dem Zirkel des opak-Offenen entgehen will, um sich die Materien anzuverwandeln, damit sich der Blick ereignen könne.

Ich bin eine Transzendenzmaschine, dachte der Dichter, der schon keiner mehr war – eine Transzendenzmaschine, die sich, als ob es um ihr Leben ginge, gegen die Erkenntnis wehrt, eine Immanenzmaschine zu sein. Das ist mein Wahn, dachte der Dichter, das ist unser aller Wahn, die wir die Welt dem Verhängnis des Blicks überstellen wollen.

Ich, nein, falsch – der Dichter, der schon keiner mehr war, hatte bereits einige Preise erhalten, und einige seiner Gedichte fanden sich bereits in Anthologien. Es war geschehen, es war egal. Er ließ alles liegen, wie es lag. Materie sammelte sich, schichtete sich, zerstreute sich; zerstreute sich der Ordnung eines Windes, eines Luftzugs, einer Atemwende gemäß.

Soweit die Erzählung des Protokollanten, der, natürlich, nicht P. S. heißt und dessen schräge »Celanisiertheit« dem geschulten Ohr kaum entgehen wird.

Der unschuldige Kreislauf des Bösen

Der Protokollant ist unschuldig wie das Leben – wie jene Ameisen in Hans Henny Jahnns Romanopus *Fluß ohne Ufer*, die eine Libelle zu Tode martern. Ich will auch diese Episode hier in extenso zitieren, weil Jahnn, neben Elias Canetti, zu den wenigen Humanisten zählt, die wissen, daß der Mensch nur Mensch werden kann, wenn er anteilnehmend und trauervoll seines tierischen Erbes – *seiner unentrinnbaren Teilhabe am unschuldig Bösen* – eingedenk wird und bleibt.

> Es ist ein schöner Tag. Die Stille zwischen den Bäumen im Walde, als ob der Laut einer märchenhaften Stimme unmittelbar bevorstände. Die greisen Barrieren der Klippen tönen; sie sind das verschämte Echo emsig summender Bienen. Es ist der letzte Hall aus den tiefen Öden des irdischen Feuers. Die Wirklichkeit ist wie eine Verheißung.
> Ich wurde aufgerüttelt. Ich will es kurz berichten: ich hörte aus

einem Haufen lose aufgeschichteter dürrer Tannenzweige das Flügelschlagen eines großen Insektes. Ich trat nahe herzu und erkannte eine Libelle, die im durchlässigen Gitterwerk kleinen Geästes ängstlich flatterte. Es war nicht gleich zu erkennen, warum sie nicht die Freiheit suchte, die so leicht zu erreichen schien. Die Bewegungen des Insekts wurden wilder und verzweifelter. Es stieß mit dem Kopf gegen den Boden. Es schien die Umgebung nicht zu erkennen. Ich beugte mich hinab und sah nun, daß eine Anzahl Ameisen der Libelle Säure über die großen Netzaugen spritzten; andere bissen sich mit den Freßzangen in eben diesen Augen fest. Schnell griff ich zu, um das Tier zu befreien. Es war zu spät. Es war schon erblindet oder teilweise erblindet. Es stürzte, flügelschlagend, zuboden. Ich erkannte, aus den Augkuppeln waren winzige Tropfen ausgetreten. Das Tier atmete so stark, daß der ganze Leib bebte. (Ich habe kaum geahnt, daß das Atmen durch die Tracheen so heftig sein könne.) Es starb binnen einer Minute an Überanstrengung, einem Herzschlag erlegen oder an unvorstellbaren Schmerzen der Erblindung.
(Hans Henny Jahnn: *Fluß ohne Ufer*, Roman in drei Teilen, zweiter Teil, Bd. 2.)

Es lohnt sich, darüber nachzudenken, wie eine wissenschaftliche »Sicht« der Welt *attraktiv* werden konnte, die angesichts der Jahnnschen Szene (welche uns einen Blick durch die allzeit offenstehenden Pforten der Hölle tun läßt) nicht nur den Vollzug eines moralisch untadeligen Geschehens postuliert – reine unschuldige NATUR! –, sondern darüber hinaus den Rundlauf eines »ökologischen Gleichgewichtsprozesses« affirmiert. Vor allem diese zwei Begriffe: *Ökologie* und *Gleichgewicht*, vermitteln Gefühle der Reinheit und des Ausgewogenseins, welche zusammen die vielleicht größte Selbstillusionierung, in die der zivilisierte Mensch sich jemals begab, widerspiegeln. Der Ökologismus vereinigt die Schau des Schlachthauses, des Beinhauses, des Irrenhauses Natur als eines *Paradieses* (jeder letztklassige Tierfilm noch zeigt unterdessen sanft und trotz Belehrtheit kinderaugenblank, wie das Katzerl das Vogerl frißt) mit dem christlich inspirierten Hang des vermaßten, urban verklumpten Zeitgenossen zur *Selbsterniedrigung* (der größte Dummkopf weiß heute schon, daß auch *er* schuld ist am Untergang jener paradiesischen Gleichgewichtsstätte, die wir mittlerweile alle als Frau Mutter Natur verehren; – daß imgrunde auch er einer *zuviel* ist; – ja daß, von einigen Buschleuten abgesehen, *die Menschheit eine zuviel ist*).

Wir befinden uns, weil wir uns selber als Zuviele, als Schmutz, als »Gleichgewichts«-Zerstörer erfahren, auf dem Wege einer Unschuldsphantasie, die genau das an uns verteufelt, was uns als Menschen überhaupt erst positioniert – und die uns an den unschuldigen Kreislauf des Bösen, die Natur, das Animalische, das Vernunftlose, ideologisch *assimilieren* möchte. Unser Widerstand gegen diesen Kreislauf, den bereits der arme Nietzsche in seiner Lehre von der Ewigen Wiederkunft verherrlichte, soll gebrochen werden.

Der Widerstand gegen diesen Kreislauf ist eine Funktion der Erkenntnis, die den Schleier des schönen Scheins zerstört, mit dem sich das Böse als der Aura seiner Unschuld umgibt. – Der schöne Schein des Bösen: »Es ist ein schöner Tag. [...] Die Wirklichkeit ist wie eine Verheißung.« Darin verrichten Jahnns Ameisen ihr Tage-, ihr Marterwerk. So lehrt die Erkenntnis. Darin hockt der Protokollant mit Kinderunschuld am sonnigen Tümpel und hascht nach den Kröten, deren eine eben deshalb sterben muß. So lehrt die Erkenntnis. – Der ökologistische Blick nun bricht den Widerstand, indem er die Lehren der Erkenntnis auffaßt, als ob sie in der schrecklichen Tiefe des schönen Tages die schöne Tiefe des Scheins offenlegte: wie schön und still und wie »natürlich« das eine das andre martert, frißt, verschlingt; wie unschuldig das Katzerl dem Vogerl die Krallen ins Gedärm schlägt!

So aber lehrt die Erkenntnis: Das primäre, weil radikal, weil bedingungslos Böse ist immer unschuldig. Der Teufel ist unschuldig. Er – und nicht Gott – hält den ökologischen Gleichgewichtsprozeß in Gang. Die wahre Kunst, *stets eine Tochter der Erkenntnis*, ist göttlich, insofern sie diesen Prozeß unterbricht, aufhält, zerstört, und zwar zugunsten einer neuen Ordnung, worin das Gute die Augen aufschlägt und das Böse als Schuldiges zu sich selber kommen kann. Mein Protokollant dagegen bleibt der Mechanik des unschuldig Bösen unterworfen. Er ist ein Verworfener, der *Gnade* entbehrend, wahrer Künstler zu werden. Er ist verdammt, im Zustande der Erkenntnis zu verharren; den Weg der Erlösung – den Weg der Transzendierung der bösen Unschuld, hin zu einer neuen Ordnung der Dinge, hin zu einer aus Schuld*anverwandlung* resultierenden neuen Unschuldsordnung der bösen Dinge – darf er nicht beschreiten. So steht am Ende seines Weges das opak-Offene. »Ich hörte meine Füße unter dem Tisch scharren, und da *sah* ich, Scharrgeräusche im Ohr, die, von mir erzeugt, nichts mit mir zu tun hatten – da *sah* der Dichter das dreckige Blatt Papier vor sich, auf dem die Erdklümpchen trockneten. Trockneten wie einst die Kröte am Drecksrand jenes fernen Tümpels, der schon lange ausgetrocknet war. Was ging's mich, nein, falsch – was ging's den Dichter an, der ich war?« Er war kein Dichter, denn er konnte die tote Kröte in sich, die starb und starb, nicht als einen Teil seiner Geschichte, die eine Geschichte des unschuldig Bösen war, sich anverwandeln, »erlösen«; erlösen dadurch, daß er schuldig geworden wäre, daß er die Schuld des unschuldig Bösen »auf sich genommen« und so die Ewige Wiederkunft zu einem epiphanischen Zeichen eines unaussprechlichen Endes der Unheilsgeschichte dichtend *befriedet* hätte; vermenschlicht hätte, vergöttlicht –.

18. Februar, Sonntag
Am siebenten Tage aber ruhte Gott. Aber: »Die Natur ist immer schön«, schrieb Handke in einem seiner wunderbaren Journale. Gott ruht, denke ich, und die Natur ist immer schön. – Können wir einander, über die von Handke so bezeichnete Sprache des Kommunikationszeitalters hinaus (»das ökologische Gleichgewicht«, »du holde Kunst«, und so fort), verste-

hen? Ist der Zuruf über die Generationen hinweg, ist die Lichtstaffel des logothetischen Worts noch möglich? *Nein*, denke ich, und ich höre das unhörbare Scharren. Glaube, es zu hören; weiß nicht, ob ich zu hören glaube. Draußen taut es am wieder einmal siebenten Tage. Der Tau sickert als schwarzes Scharren in den unschuldigen Wiesen: er wiedererweckt den Säurebetrieb, die Zangenmarter, das Fressen und Gefressenwerden. Und über allem der noch unbestirnte Himmel. – Dann kommt der Wind von weither und die sternklare Nacht.

Ich entsinne mich der Frage, die ich einem mir befreundeten Priester brieflich stellte: »Vielleicht ist das Erhabene der Dreck, der erlöst wurde?« Und ich entsinne mich seiner lieben, besänftigenden, ausweichenden Antwort. Aber heute ruht Gott. Dank sei dir, Freund, daß du wachst über meinem *Miserere* (dessen medizinische Bedeutung lautet: *Koterbrechen bei Darmverschluß*). Nur der Mensch vermag des Menschen verständiger Fremdling zu sein. (Können wir, Freund, einander verstehen auf dem Rechtsgrund der Eintracht im unschuldig Bösen, das sich, sich gnadenbewegt ablösend aus der Totschlägerreihe des allumfassenden *pursuit of survival*, seine Geschichte traumwandlerisch zueignet und so, im Schuldigwerden, den Vorschein eines Guten, einer gemeinsamen Ursprache aufleuchten läßt?)

Die Gottesanmaßung

Zurück zu Handke, zu den Gesprächsepisoden; zurück zu meiner weltgetriebefernen Frage: »Gibt es hierorts, innerhalb des Weltgetriebes, eine Erfahrung, die unschuldig ist?«

Antwort: Nur die unschuldig (und daher radikal) böse Erfahrung gibt es *und* nur die gänzlich andere – die Erfahrung, die, kraft der Aneignung des ihr innewohnenden unschuldigen Bösen ihrer Geschichte der Schuld bewußt, nun der Gnade einer zweiten, einer epiphanischen Unschuld teilhaftig wird. Diese Erfahrung ist die des *Künstlers* im Zustande der »Erleuchtung«: der Elevation über das Weltgetriebe aufgrund der menschlichen Teilhabe am Göttlichen.

(Können wir, Freund, einander verstehen?)

Episode eins fordert, strenggenommen, Paradoxes, nämlich die Stillegung des Diskurses, um das Erfahrungsgeschehen, endlich, zur rechten Sprache zu bringen. Was heißt das? Die Dinge der Welt sollen so ausgesagt werden, als ob sie in ihrer Totale, *absolut,* begriffen würden. Es soll sein, als ob das Auge Gottes sich auf das Weltgetriebe richtete und es, trotz allem menschlichen Augenschein, so sähe, wie es ist – *trotz allem gut.* Kein »deshalb«, kein »darum« und »weil« mehr; kein »aber«; – keine Einschränkungen, Kautelen und Begründungen mehr. Es ist, wie es ist, und es ist gut. (Bei Jahnn heißt es, leitmotivisch: »Es ist wie es ist, und es ist fürchterlich.«)

Episode zwei fordert, die Dinge der Welt in ihrer Totale *unakzidentiell,* noch in ihren flüchtigsten Schatten wesensoffenbar zu erfahren und als so Erfahrene auszusagen. Die reflexive Struktur, wie sie dem schriftstellerischen Werk jenes Autors zuinnerst eignet, von dem ich annahm, er müßte Handkes Billigung erfahren, wird von diesem als Mangel an Unschuld gegeißelt. Denn Reflexion ist die irritierte Bewegung des Geistes angesichts des Mangels an Essenz. Derlei Mangel wird als Störung verbucht; es mangelt an Realität. Und der reflexive Akt ist eine Suchbewegung, gerichtet auf die Bedingungen des Mangels, um, sie erkennend, eine rein intelligible »Schau« ungebrochener Wahrheit, makelloser Realität zu ermöglichen. Der unaufhebbare Mangel solcher Mangel-Erkundung aber besteht darin, die Fülle der Essenz dessen, was ist, bloß noch denkend, nicht mehr anschauungsgemäß erfassen zu können. (Darin gipfelt, nebenbei gesagt, die Malaise der Naturwissenschaften, deren Wesenserfassung sich schlußendlich in einer Tiefenerkenntnis verliert, welche reines mathematisches Formelwerk ohne Erfahrungsgehalt bleibt, solange es nicht wiederum mit akzidentiellem, wesenssekundärem Sinnesdatenmaterial verknüpft wird.)

Episode drei fordert, die Dinge der Welt *direkt* zu sehen. Sie postuliert ein (menschenunmögliches) Ideal der Beschreibungsgerechtigkeit, die in der Perspektivelosigkeit des Blickwinkels gründet. Sie fordert für alle authentische künstlerische Erfahrung das Auge Gottes ein. Sie fordert um einer unschuldigen Unschuld willen das Menschenunmögliche. Handkes Bannfluch auf die Professoren und Dozenten der Rechtswissenschaft will nicht eine Sicht von vielen möglichen Sichtweisen sein; sie will *die* Sicht, die trotz mannigfacher Wenn und Aber einzig wahre und vollständige »Perspektive« – die totale und total unmittelbare und total anschauungsgemäße Wesensschau, nicht mehr und nicht weniger …

Der billigste Einwand gegen Handke lautet: Handke ist nicht Gott. Aber der gewichtigste Einwand gegen diesen Einwand lautet: Wenn Handke nicht täte, als wäre er der liebe Gott, wie könnte er dann noch Künstler sein?

Die Gottesanmaßung gehört zum wahren Künstlertum (sie gehört auch zu Jahnns prometheischer Gerichtsführung gegen Gott, die ganz im Banne der Erlösung steht). Und alle wahre Kunst ist eine des *Als ob:* als ob der Tag, an dem die Menschheit lebte, der siebente wäre – oder der Tag, an dem das siebente Siegel erbrochen würde.

Es gibt nur Handke und das Gegenteil, wenn von der Kunst als *dem* Werkzeug des Erhabenen die Rede ist. Die Gottesanmaßung nämlich, das ist die *Anmaßung der Versöhnung.* Denn Versöhnung mit den Dingen hieße, über Begriffe zu verfügen, die den Dingen *gerecht* werden, sie nicht einseitig in die Sprache einbinden, ihr Wesen nicht negieren und ihrer Konkretheit keine Gewalt antun. Versöhnung hieße, so gesehen, letzten Endes: Aufhebung der Natur des Begreifens und damit des Begreifens selber. Dieses macht den Weltstoff nur erkennbar, indem es ihn durch Segmentierung, Selektion, Abstraktion, Individuierung »zurichtet«. Versöhnung hieße also entweder Stillegung des Begreifens oder Einswerdung von Begriff und Ding – was beides vielleicht auf dasselbe hinausläuft: auf den Tod des begreifenden Subjekts. Im *realen* Leben des Geistes gibt es keine Versöhnung zwischen Subjekt und Objekt, nur eine Versöhnung im Zeichen des *Als ob*. Dies ist das Zeichen der Kunst, die daher nicht Leben werden kann und darf; ihre ganze humane Kraft verdankt sie ihrer radikalen Gegenstellung zum »Politischen«, zum »Realen«, zum Gesellschaftsmenschlichen: »Mag ich auch bis zum Ende hier unterm Volk sitzen, begrüßt, umarmt, eingeweiht in seine Geheimnisse – ich werde doch nie dazugehören.« Das Unpolitische an Handke ist die ihm einzig zustehende »Politik« – die Politik des *Als ob,* die sich aus nichts anderem speist als der bedingungslos subjektiven Hoffnung auf Erlösung.

Die Politik des *Als ob* ist die Politik der Subjektivität.

Mir ist bewußt, daß auch heute noch viele Philosophen keine Ahnung haben, was jene Redeweise von der Gewalt des Begreifens meinen könnte; solchen Philosophen gilt derlei Metaphysik als sinnloses Geschwätz. Und natürlich: die emphatische, auf das Sein selber dringende Idee der Versöhnung zergeht außerhalb des Zauberkreises der imgrunde Unsagbares anzeigenden Bilder gleich den Gespinsten der Nacht beim ersten Schein des Lichts. Möglich, daß schon seit langem ein *Gespenst* in den Köpfen der Metaphysiker und Künstler rumort. Aber mit den Gespenstern, die sich nicht austreiben lassen, muß man leben lernen; jedenfalls sind sie oft persistente Reflexe einer Subjektivität – Reflexe, die ihren Ursprung in Irritationen haben, welche ihrerseits auf Verschiebungen im ontologisch-metaphysischen Rahmenwerk und damit in den Weltevidenzen einer Kultur hindeuten.

Daß wir heute geneigt sind, den Akt des Sprechens selber als Vollzug einer Gewalt zu begreifen, ist weder selbstverständlich noch allen Kulturen überhaupt verständlich. Nichtsdestotrotz hat das Nachdenken über die Sprache, das Über-die-Sprache-Schreiben und Gegen-die-herrschende-Sprache-Anschreiben, also die philosophische ebenso wie die literarische Passion dieses Jahrhunderts, keineswegs aus dem Labyrinth der Subjekt-Objekt-Verstrickungen herausgeführt, sondern dieses so recht erst konstituiert. Der Versuch, durch die Sprache und mittels ihrer zu den Dingen vorzudringen, wurde zusehends als ein unmögliches Unternehmen einsehbar. Von da ab spaltet sich das philosophische Verständnis der epistemologischen Rolle des Subjekts in zwei, miteinander zusammenhängende Stoßrichtungen: einerseits in die Beurteilung menschlicher Erkenntnisleistungen unter skeptischem Vorzeichen (*alles Erkennen ist Illusion*), andererseits in die Beurteilung dessen, was dem Alltagsverstand und der Wissenschaft »Erkenntnis« heißt, als eine den menschlichen Existenznöten angepaßte Zurichtung der Erkenntnisobjekte (*alles Erkennen ist Gewalt*).

Freilich verliert sich deshalb nicht das Bedürfnis, oder sagen wir besser: die Obsession, die Dinge zu schauen, »wie sie sind«; denn die mystische Erregung lebt fort, und zwar unter dem Druck, daß ihr Begehrensziel – die sprachlich unverschattete Welt – immer erst dort ist, wohin die Sprache gerade noch nicht reicht: mit den Begriffs-Schatten über den Dingen zerstreuen sich die Dinge auch. Übrig bleibt eine begriffslose Anschauung, von der ich keineswegs sage, es gäbe sie nicht; im Gegenteil scheint ja eine der wichtigsten Antriebskräfte der poetischen Imagination das *Verstummen* angesichts einer Erfahrung zu sein, die sich aller Sprachanstrengung widersetzt und entzieht. Die poetische Anstrengung wäre also der ebenso wollüstige wie ewig scheiternde Versuch, begriffslose Anschauung in anschauliche Begriffe zu fassen. Von daher erklärte sich dann das Widerstandspotential gerade der radikal subjektiven Schreibweisen (solange sie nicht einem Gravitationskollaps der Innerlichkeit entspringen und bloß noch privatsprachliche Ausdrucksweisen repräsentieren).

Die Frage, wie ein Künstler bewußt und reflektiert aus der

angezeigten Spannung heraus produzieren kann, zählt meines Erachtens zu den zentralen Problemen einer ästhetischen Theorie, die sich mit dem beschäftigt, was ich die *Politik der Subjektivität* nenne. Und Francis Ponge gehört sicher zu deren wichtigsten Zeugen. In *La Mounine* – wie *Le Carnet du bois de pins* (»Das Notizbuch vom Kiefernwald«) von Handke übersetzt – schreibt der Dichter: »Festzuhalten: daß ich mit den größten Schwierigkeiten zu kämpfen habe aufgrund der Vielzahl der Bilder, die sich einstellen und die Realität maskieren, ihr Masken anlegen […].« Da nun aber das Bild (die Metapher, das Symbol, die Analogie) im Zentrum der dichterischen Auseinandersetzung mit der Realität steht, läßt sich diese Äußerung am einfachsten so auffassen, daß viele Bilder den realen Dingen Masken anlegten, während es doch auch Bilder gebe, die die Wirklichkeit der Dinge freilegten. Das poetische Vorgehen von Ponge scheint ein solches Verständnis zu erzwingen: Besessen von der Idee, die Poesie als *Wissenschaft* zu betreiben, als Aufdeckerin der den Dingen innewohnenden Gesetze (freilich verwendet *Le Carnet* den Begriff des Gesetzes im Sinne von *logos*, worin Natur und Ethik in eins fallen), schreibt Ponge eine der metaphernreichsten Sprachen, die man kennt. Allerdings, was heißt es für den Dichter, die Realität der Dinge freizulegen – mit Hilfe von Bildern? Wäre es nicht besser, die Bilder sein zu lassen und sich der Sprache der Wissenschaft zu bedienen, wenn es um die Erkenntnis der Dinge geht, um ihre *objektive* Erkenntnis? »Rückt heraus eure Formel«, ruft Ponge den Kiefernwäldern zu.

»Es ist ein Hirngespinst, das Objekt ›unverfälscht‹ wiedergeben zu wollen«, schreibt G. A. an Ponge, dessen hochfahrende dichterische Ambitionen rügend; denn der Künstler könne »einzig darauf abzielen, den gemeinsamen Moment der Sache und seines Ich zu verewigen«. Dieses durchaus konventionelle – idealistische – Verständnis der Rolle des Künstlers im allgemeinen und des Dichters im besonderen (in der Tiefe des Ichs trifft das schöpferische Subjekt auf die Tiefe der Welt), wehrt Ponge, der Poet par excellence, auf überraschende Weise ab: »Persönlich glaube ich, für Deine Kritik nicht der Adressat zu sein, denn *ich will kein Poet sein.*« Ja was denn dann? fragt der Leser, um folgende Antwort zu erhalten: »Was mich angeht, so bin ich mehr und mehr überzeugt, daß meine Sache eher wissenschaftlich als poetisch ist. Es geht darum, zu klaren Formeln zu kommen« ...

Wie dies gemeint ist: »zu klaren Formeln zu kommen«, demonstriert *Le Carnet du bois de pins* mit einer Insistenz, die den Übertritt ins Lächerliche nicht scheut oder nicht bemerkt: Ausgehend von fragmentarischen Notizen angesichts des Vergnügens, das Ponge ein Kiefernwald bei La Suchère (gelegen im Departement Haute-Loire) bereitet, tastet sich der Dichter über das Variationenspiel mit einer schließlich konstanten Anzahl von Metaphern zur Endfassung *des* Poems über *den* Kiefernwald vor. Nachdem der Leser mit einer Fülle von Varianten bemüht beziehungsweise unterhalten wurde, gipfelt die dichterische Anstrengung hierin:

Folgend die unabänderlichen Elemente:

1 { An dieser Bürstenstätte, obenauf bebuscht mit grünen
                                                    Borsten,
    Die Purpurholzgriffe umstellt von Spiegeln

2 { Von dem blinkenden Körper, entstiegen der
    Seitenschiffs dampfenden Meeres- oder Teicheswanne

3 { Bleibt, angesichts der ruhelosen Fliegen,
    Auf der dicken Bodenschicht, elastisch und rot
                                                    schimmernd

4 { Der stark duftenden Haarnadeln
Fallengelassen von so vielen achtlosen Wipfeln

5 { Nichts zurück als ein Überwurf aus Halbschatten,
sonnenfleckig.

Diese Elemente sind nun ad libitum umstellbar:

1 2 3 4 5   1 4 2 3 5
1 2 4 3 5
1 2 3 5 4
1 3 2 4 5
...

Die Überschrift des nächsten Abschnittes lautet: DAS ALLES
IST NICHT DAS RICHTIGE. Kein Wunder, denn was immer der
Dichter Ponge an Kunstwerklichem hervorbringt, kann niemals das Richtige sein. In einem Brief an M. P. hat Ponge selbst
ausgeführt, warum dem so ist: »G. A. hat nicht verstanden
[...], daß es bei dem fraglichen Waldzipfel weit weniger um die
Geburt eines Poems geht als um den *Versuch* (kaum geglückt),
ein Poem umzubringen, durch dessen Objekt.«
Plötzlich versteht man die Not des Dichters, welche ihn zu
der grotesken Idee eines Gedichtes verführte, das wie eine Formel funktionieren soll. G. A. schrieb an Ponge (worüber sich
dieser dann doch ärgerte): »das Endergebnis Deiner Anstren-
gungen läuft allzusehr Gefahr, eine quasi wissenschaftliche
Perfektion vorzuführen, die, gerade weil sie so gereinigt ist, zu
einem Zusammenbau austauschbarer Elemente tendiert.« Tatsächlich hat sich Ponge der irrwitzigen Aufgabe verschrieben,
ein sozusagen *wissenschaftliches Gedicht* zu schreiben – also ein
unmögliches Objekt zu erzeugen. Denn er möchte den Dingen – zum Beispiel dem Kiefernwald – gegenüber eine Er-
kenntnishaltung einnehmen, die nicht weniger sachlich ist als
die der Naturwissenschaften, dabei aber »in meinem objekti-

ven (sachbezogenen!) Verhältnis zum Kiefernwald« bis zu einer Realitätsdimension vordringen, die den Wissenschaften prinzipiell unerreichbar ist: bis zum Logos oder der in die Dinge – den Kiefernwald – eingesenkten *Lehre*.

Ponge weiß, daß er mittels des poetischen Verfahrens eine objektive Sicht der Dinge niemals erreichen wird. Daher sein Satz: »Die Dinge und die Poeme sind unversöhnbar.« Doch er weiß auch – oder fühlt es jedenfalls –, daß kein wissenschaftliches Erkenntnisverfahren jemals imstande ist, die Dinge als Bedeutungs- und Rechtsträger sichtbar zu machen. Deshalb ist für Ponge die »poetische Form« nichtsdestotrotz »ein *notwendiger* Moment im Verlauf meines Wissen-Wollens«. Freilich kann der moderne Dichter nicht ungeschehen machen, was der gesamten Kulturdynamik der Neuzeit zugrunde liegt, nämlich das Auseinanderdriften von Wahrheit, Ethik und Kunst. Solange man denken konnte, die Realität der Dinge sei logothetischer Natur, mithin selber etwas »Begriffliches«, hätte der Versuch, das Begriffsleben als unaufhebbares Verschattungsgeschehen vorzuführen, bloß Unverständnis ausgelöst. Die Welt der Dinge mußte von der Welt der Begriffe radikal abgelöst werden, anders gesagt: der naturwissenschaftliche Weltzutritt mußte als Paradigma der Erkenntnis Furore machen, damit jene Irritation entstehen konnte, wonach zwischen uns und den Dingen immerfort das Gespinst der Sprache schwebt. Ponge sieht nicht, daß es gerade die Verwissenschaftlichung des Blicks auf die Welt ist, die zu der Evidenz einer Realitätsverschattung durch Sprachanwendung führt. Daher glaubt er, als Dichter, der nach Erkenntnis strebt, wissenschaftlich werden zu sollen.

Und Ponge will an den Dingen eine Wahrheit fassen, die infolge der irreversiblen Trennung von Wahr, Gut und Schön überhaupt aus der Welt verschwindet, unausdrückbar wird. Die vollendete Neuzeit – die Moderne – ist eine streng anti-logothetische Weltformation. So wird Ponge in seinem Bemühen, die veritas abscondita durch die poetische Form zu retten,

mit nichts weiter als seiner Subjektivität konfrontiert. Das Bemühen, seiner subjektiven Resonanz auf die Dinge einen ob-
jektiven, quasi wissenschaftlichen Stellenwert zuzumessen,
führt ihn zu der lachhaften Idee des Poems als Formel – eines
Gedichtes, bei dem die Vertauschbarkeit von Zeilengruppen
den Eindruck subjektiver Willkür ironischerweise intensiviert.

Vielleicht ist Ponge *der* Dichter dessen, was sich entzieht…

Ein Gedicht von Peter Handke lautet:

Tageslauf in einem Sommergarten

Am Nachmittag fielen ein paar Blätter
von den Akazien
Und am Abend schwankte die Lampe
im leeren Eßzimmer

Das Gedicht umfaßt zwei Sätze, die, man hat den Eindruck,
durch Sachlichkeit imponieren wollen. Wenn derlei Sätze nicht
objektiv über Sachverhalte, und seien es auch imaginäre, berichten, dann gibt es keine Objektivität. Der zweite Satz allerdings beginnt mit einem seltsamen *Und*. Es ist dieses Und, wodurch die Präsenz eines Subjekts spürbar wird, aber so, als sei
die Subjektivität, die sich da anmeldet, ein Teil der Welt, welche den Gegenstand der Betrachtung bildet. Die Welt, so
scheint es, ist erfüllt von einer schwebenden Leere. Am Nachmittag geschah das stille, sanfte Fallen der Blätter von den Akazien – ein gleichsam ursachloser, leichter Vorgang; *und* am
Abend schwankte die Lampe im leeren Eßzimmer. Kraft dieses Und lebt das Fallen der Blätter im Schwanken der Lampe
fort: eine quasi grundlose Bewegung nachmittags und dann
noch eine abends, nun schon schwerer und auch ein wenig
traurig (das Eßzimmer steht leer, während der Tag zu Ende
geht).

Wie weit reicht in Handkes Gedicht die Objektivität der

Darstellung, wo endet sie? Angenommen, der Garten wäre menschenleer gewesen; angenommen, kein Blick hätte die Akazien gestreift, die Tiefe des Eßzimmers erfaßt. Wären nicht auch dann am Nachmittag die Blätter gefallen, hätte nicht auch dann am Abend die Lampe geschwankt? Die Frage ist ebenso bekannt wie jene realistische Antwort, für die sich in der Philosophie das Beiwort »naiv« eingebürgert hat. Der Ausgangspunkt der weniger naiven Antworten lautet: Man stelle sich vor, was in Handkes Sommergarten unter Absehung aller subjektiven Zutaten geschah, die eine Folge der Perspektive, der Konstitution, der Befindlichkeit des Dichters oder eines anderen Beobachters sind. Die wohlbekannte Erwiderung lautet, daß sich derartiges nicht vorstellen läßt.

Jede Erfahrung ist perspektivisch; jeder Erfahrungsinhalt hängt ab von der Beschaffenheit des Beobachters. Um zu sehen, braucht man Augen, aber diese sind ebensowenig wie die Sprache von der Art des Sartreschen Glases, durch das man auf die Dinge, »wie sie wirklich sind«, blicken kann. Ich erwähne Triviales. Hingegen ist ganz und gar nicht trivial das Problem, warum bestimmte Befindlichkeiten oder Aktivitäten des Subjekts als Mittel objektiver Welterfahrung respektiert werden, während andere angeblich zu bloß subjektiven Eindrücken führen. Trakls Satz »jemand hat diesen schwarzen Himmel verlassen« wird man gerne eine poetische Wahrheit – was immer das sein mag – zubilligen; doch damit will man in aller Regel auch sagen, daß Trakls Sicht des Himmels mit den realen Himmelsereignissen nur wenig oder gar nichts zu tun hat. Indes, wie verhält es sich dann mit Handkes *Und?*

Vermutlich gibt es für das angezeigte Problem keine allgemeine Lösung. Seine Struktur freilich läßt sich demonstrieren. Der nähere Kontext, in dem Trakls Satz auftritt, lautet:

Im Nebenzimmer spielt die Schwester eine Sonate von
Schubert.
Sehr leise sinkt ihr Lächeln in den verfallenen Brunnen,

Der bläulich in der Dämmerung rauscht. Oh, wie alt ist unser
Geschlecht.
Jemand flüstert drunten im Garten; jemand hat diesen
schwarzen Himmel verlassen.
Auf der Kommode duften Äpfel. Großmutter zündet goldene
Kerzen an.

Diese Passage aus dem Gedicht *Unterwegs (II)* zeigt deutlich
das Ineinander von Sachverhaltsdarstellung und poetischer
Imagination. Die im Nebenzimmer klavierspielende Schwester ist ein realistisches Gebilde wie auch die auf der Kommode
duftenden Äpfel oder die Großmutter, die Kerzen anzündet.
Aber wodurch eigentlich erscheint es als gerechtfertigt, hier
von einem Realismus in der Darstellung zu sprechen? Überse-
hen wir doch nicht, daß sich die eben zitierten Sachverhalte
umstandslos dem Traum- und Klischeemodell »Verlorene
Kindheit« einfügen. Jenes Modell bildet das Selektionsprinzip,
nach dem der Dichter seine Daten auswählt und arrangiert.
Gleichzeitig allerdings will er freilegen, was unter dem Modell
und seinen Floskeln begraben zu werden droht.

»Jemand flüstert drunten im Garten«: das klingt noch nach
romantischer Weltbleichheit, welche die dunklen Orte der
Kindheit ins Pubertär-Ungefähre rückt. Doch es ist nur die
halbe Wahrheit der Zeile, die lautet: »Jemand flüstert drunten
im Garten; jemand hat diesen schwarzen Himmel verlassen.«
Das romantische Flair wird nicht zerstört, nicht ins Ironische
umgebogen. Es wird hart und kalt gemacht. Ein Tränenloser
blickt auf einen schwarzen Himmel, den jemand, ein Gott
ohne Namen, verlassen hat. Trakls Himmel über jenem Flü-
stergarten mit dem erwartungsgemäßen Inventar eines Uralt-
brunnens (wohinein sehr leise das Lächeln der Schwester
sinkt) ist uns heute schon allzu vertraut geworden; dennoch ist
auch für uns noch unschwer erkennbar, daß Trakl sich müht,
kraft seines Himmelsbildes die Wahrheit der zum Kitsch ver-
kommenen Modellszene »Verlorene Kindheit« zu retten. Ge-

wiß, das ist ein Kunststück, über das man geteilter Meinung sein kann. Dennoch wird sich kaum bestreiten lassen, daß es in Trakls Gedicht *Unterwegs* eine Erkenntnisbewegung gibt, nicht weil es uns die verlorene Kindheit umstandslos präsent machte, sondern diese durchs Kitschpanorama hindurchtreibt bis hin zu einem Bild, dessen krasse Subjektivität die verlorene Wirklichkeit der zu falscher Objektivität erstarrten Trauer wieder ahnen läßt. Um den Frieden, der einst, in ferner Kindheit, ruchbar wurde, nicht vollends der Unwahrheit anheimzustellen, muß die Friedensdummheit der gottgläubigen Kindheitsakteure und ihrer abgeschmackten Requisiten zerstört werden.

Ich berufe mich auf Handkes und Trakls so unterschiedliche Gärten, um ein Kapitel der Politik der Subjektivität zu skizzieren. Der herrschenden wissenschaftstheoretischen Meinung zufolge wird Objektivität durch Ausschaltung von subjektiven Störfaktoren erreicht. Im Gegensatz dazu möchte ich zeigen, wie der Rekurs auf Subjektivität deren Gegenteil überhaupt erst ermöglicht. Die Künstler haben stets – es sei denn, sie hingen einer Ideologie des Realismus an – deutlich empfunden, daß die einzige Möglichkeit, objektiv zu sein, darin besteht, die spontanen Reaktionen der eigenen Subjektivität auf die Dinge der Welt zu radikalisieren.

Über die umgearbeitete Fassung des *Klagelieds* schrieb Trakl an seinen Freund Buschbeck: »Ich bin überzeugt, daß es Dir in dieser universellen Form und Art mehr sagen und bedeuten wird, denn in der begrenzt persönlichen des ersten Entwurfs. – Du magst mir glauben, daß es mir nicht leicht fällt und niemals leicht fallen wird, mich bedingungslos dem Darzustellenden unterzuordnen, und ich werde mich immer und immer wieder berichtigen müssen, um der Wahrheit zu geben, was der Wahrheit ist.« Diese Zeilen kommentierte der Trakl-Biograph Otto Basil derart, daß ihr Wortsinn ins akkurate Gegenteil verkehrt zu werden scheint: »Was Trakl hier ›Wahrheit‹ und ›universell‹ nennt, ist als ein abgekapselt Innerliches, als ein von der Außenwelt nicht mehr kontrollierbares, unabhängiges, unmittelbares Anschauen der Dinge gemeint.« Basil hat das von Trakl vermutlich Gemeinte auf eine windschiefe Art sehr genau verstanden. Er begriff zwar nicht die Dialektik, welche die Ausdrücke »Wahrheit« und »Universalität« im ästhetischen Diskurs beherrscht, doch er begriff, daß Trakls traumwandlerische Verwendung dieser Ausdrücke weder deren wissenschaftlichen noch deren literarisch-realistischen Gebrauch meint. Was also dann? Ich kenne keine konzisere Antwort als jene, die Handke in der Vornotiz des Buches gab, das er schließlich gerne *Phantasie durch Ziellosigkeit* genannt hätte:

»Ich übte mich nun darin, auf alles, was mir zustieß, sofort mit Sprache zu reagieren, und merkte, wie im Moment des Erlebnisses gerade diesen Zeitsprung lang auch die Sprache sich belebte und mitteilbar wurde; einen Moment später wäre es schon wieder die täglich gehörte, vor Vertrautheit nichtssagende, hilflose ›Du weißt schon, was ich meine‹-Sprache des Kommunikations-Zeitalters gewesen. Einen Zeitsprung lang wurde der Wortschatz, welcher mich Tag und Nacht durchquerte, gegenständlich. Was auch immer ich erlebte, erschien in diesem ›Augenblick der Sprache‹ von jeder Privatheit befreit und allgemein.«

Handkes Sätze werden nur einleuchten, wenn man die altehrwürdig-gedankenlose Phrase, *wonach der Künstler die Wahrheit der Welt in sich selber trage*, gebührend ernst nimmt.

Wer heute, im post-avantgardistischen Zeitalter, vom wahren Künstlertum spricht und davon, daß der Künstler die Wahrheit in sich trage, wirkt reichlich antiquiert. Er gibt sich dadurch als einer zu erkennen, der nicht auf der Höhe der Zeit denkt. Hierauf erwidere ich, Hegel variierend: Um so schlimmer für die Zeit!

Zugestanden muß werden, daß der Wahrheitsbegriff der modernen Kunstavantgarde unter dem Einfluß der Geniekonzeption des späten 19. Jahrhunderts zwei Aspekte der ästhetischen Weltzuwendung kontaminierte. Sie hatte das »Ich, Ich, Ich, Ich« des Witold Gombrowicz, den allgemeinsten, reinen, leeren Bezugspunkt aller Erfahrungs- und Erkenntnisgewinnung – *das Subjekt an sich* – mit dem jeweils einmaligen Ausdrucksmoment, das jeder künstlerischen Produktion zuinnerst eignet – *der Perspektive des Individuums* –, verwechselt. Die Perspektive kann »genial« sein, und sie ist stets nur an *ein* Ich gebunden. Das Ich indes ist der gleichermaßen schweigsame *und* allgemeine Ursprungsort der künstlerischen Wahrheit; an ihm hat jeder Mensch teil, auch wenn er kein Künstler ist; und es ist die ungreifbare, begrifflich unfaßbare *Anwesenheit* des Ich-Ortes im ästhetischen Ausdrucksprozeß, wodurch dieser, wiewohl notwendig einzigartig und unwiederholbar, »wahr« und damit von allgemeiner Bedeutung wird – nicht in blanker, unkommunizierbarer Idiosynkrasie verharrt.

Es ist der Ich-Ort, welcher die Quelle jener eigentümlichen Widerständigkeit bildet, auf die sich Handke beruft, wenn er seine Position als eine Gegenstellung zum Gesellschaftsmenschlichen und die es tragende Sprache des Kommunikationszeitalters, die Sprache des »Man«, definiert. An diesem Ort ereignet sich ereignislos, zeitlos die epiphanische Entbergung. Hierin gründet die Gottesanmaßung des Künstlers, seine Teilhabe an einem Leuchten, welches der unnennbare Vorschein der Erlösung ist und die Evidenz eines Unzerstörbaren im Menschen nährt. Die wie immer auch vergebliche, verzweifelte Anstrengung, jenes unschuldige, jenes himmlische Leuchten ins Weltgetriebe einzuschreiben – das heißt, in den wie immer auch unschuldig bösen Erfahrungsmaterien aufleuchten zu lassen –, repräsentiert das individuelle künstlerische Ausdrucksbemühen. Und derart entsteht die uneinlösbare Verheißung, die Politik des *Als ob*, die notwendig eine Politik der Subjektivität ist. Sie hat imgrunde nur *ein* Sehnsuchtsziel: Versöhnung mit den Dingen der Welt.

Die Versöhnung aber mißlingt. Es ist ein Mißlingen im Gelingen, das statthat. Und das Gelingen besteht darin, daß eine *gnadenbewegte* Anverwandlung des unschuldig Bösen möglich wird. Indem das unschuldig Böse in den Gnadenstand eintritt, der ihm gestattet, sich seine Schuld als *seine* anzueignen (indem Schuld als ein heilsames *Miserere* aufgeht unterm Bann des Bösen, das eine Bedingung von Welt und Dasein ist), wird erst ein *Versprechen auf Versöhnung* möglich – die hierorts freilich uneinlösbare Hoffnung, es möge, endlich, ein Weltruck geschehen, der die Dinge in die Erlösungsperspektive einer unschuldigen Unschuld rückt. Handke lesen, das müßte heißen: sich für die Erfahrung dieser Bewegung *und* ihres Mißlingens offenzuhalten.

Seine *Phantasien der Wiederholung* beschließt Handke mit dem Satz: »Ich werde mich entschlossen verirren.« Aber der Witz daran ist, daß Sichverirren zu jener Art von Ereignissen zählt, die man nicht aktiv vollzieht, die einem vielmehr unterlaufen. Sich etwas mit Absicht und Entschluß unterlaufen lassen zu wollen, ist ein paradoxes Projekt. Indes, es charakterisiert präzise die Bewußtseinslage desjenigen, der als ein durch Aufklärung Ernüchterter nach dem *Ganz Anderen* lechzt, ohne sich doch dem fatalen Luxus der Regression auf eine durchlebte Bewußtseinsstufe anheimgeben zu können. Angesichts solch einer Ambivalenz des Daseins weiß man nicht, was eine Politik der Subjektivität noch leisten sollte, es sei denn das Minimalste, ihr Bestes seit je. Es muß genügen, den herrschenden Verhältnissen Widerstand zu leisten, indem man, die Lippen bewegt von einem sehr tiefen, sehr sprachwunden, ja sprachlosen Innen, durch das Gerede hindurchspricht auf die stumme Seite der Dinge zu, ohne von dorther so etwas wie Wahrheit oder Universalität jenseits der phantastischen Perspektive des *Als-ob* zu erwarten. Es muß genügen, weil es das einzige ist, was zu tun der Kunst bleibt.

NACHWEIS DER ERSTVERÖFFENTLICHUNGEN

»Der andere Balken des Andreaskreuzes«, in: *manuskripte* 97 (1987), S. 10–23.

»Aufeinander zu, aneinander vorbei«, in: *manuskripte* 104 (1989), S. 3–18.

»Erfahrung und Unschuld« ist ein Originalbeitrag, mit Ausnahme einiger Passagen in dem Abschnitt »Die Gottesanmaßung«; sie entstammen dem Buch: Peter Strasser: *Hegels Sehnsucht*, Wien 1988.

INHALT